麦肯锡精英
最重视的55个
高效能沟通习惯

欧阳宇倩◎著

55 Efficient
Communication
Habits of
Mckinsey's Elites

QUNYAN PRESS

·北京·

图书在版编目（CIP）数据

麦肯锡精英最重视的55个高效能沟通习惯 ／ 欧阳宇倩著． — 北京：群言出版社，2016.1
ISBN 978-7-5193-0023-4

Ⅰ．①麦… Ⅱ．①欧… Ⅲ．①心理交往－通俗读物
Ⅳ．①C912.1-49

中国版本图书馆CIP数据核字(2015)第313384号

责任编辑：侯莹　胡蔓青
封面设计：仙境

出版发行：群言出版社
社　　址：北京市东城区东厂胡同北巷1号（100006）
网　　址：www.qypublish.com
自营网店：http://qycbs.shop.kongfz.com（孔夫子旧书网）
　　　　　http://www.qypublish.com（群言出版社官网）
电子信箱：qunyancbs@126.com
联系电话：010-65267783　65263836
经　　销：全国新华书店
法律顾问：北京天驰君泰律师事务所

印　　刷：三河市祥达印刷包装有限公司
版　　次：2016年3月第1版　2017年2月第2次印刷
开　　本：710mm × 1000mm　1/16
印　　张：15
字　　数：220千字
书　　号：ISBN 978-7-5193-0023-4
定　　价：35.00 元

前言

作为全世界最著名的咨询机构，麦肯锡一直在商业中扮演着智库的角色，从成立到现在的90年里，麦肯锡的历史上留下了无数的行业精英和商业偶像的名字，他们在麦肯锡时取得了无数的成就，在离开麦肯锡之后，又谱写了一个又一个的传奇。

一直以来，这些麦肯锡精英留给人们的都是两个印象：一个是足智多谋的咨询师，一个是举止得体的绅士。麦肯锡精英的足智多谋来自于他们的学识和经历，而他们的绅士风度则来自于他们的沟通习惯。

在麦肯锡，沟通被看作与思考和学习同样重要的事，还未培养新员工的商业技巧之前，对于他们沟通习惯的培养就已经提上了日程。为什么会这样呢？因为麦肯锡公司深知，对于商业人士而言，与人沟通的能力要比分析和解决问题的能力更重要。

对于麦肯锡人来说，经验的不足可以在实践中锻炼，知识储备的不足可以靠学习来弥补，但如果沟通能力不足，则很难获得他人的信任。一个不被信任的咨询顾问，在商业上会有什么前途呢？

同样的一句话，普通人说了别人不会有什么感觉，麦肯锡人却能把它说得打动人心；同样的一个理念，普通人绞尽脑汁也不知道该如何传递给他人，麦肯锡人却可以让他人瞬间了解；同样的一个人，普通人想要说服无从下手，麦肯锡人则能够很快获得他的信赖。决定这些不同的，就是麦肯锡人不同一般的沟通能力。

2

沟通能力的重要意义在于，它本身不会给我们创造什么直接的价值，也不会给我们带来什么额外的负担，但一旦拥有了它，我们却可以成为处处受人欢迎的人，让我们能够获得他人的信赖，让我们拥有社交场合最难能可贵的感染力和亲和力，让人们愿意走到我们的身边与我们结交。

练习沟通的能力，培养有效沟通的技巧，这是麦肯锡新人进入公司的第一课，正是这样的课程让他们明白了合适的语言、合适的阐述、合适的神态动作和表情对于商业以及社交是多么的重要，也让他们掌握了商业领域最强大的沟通技巧，无论多么固执、多么孤僻的人，都可以成为他们的朋友，这都是因为他们强大的沟通能力。

拥有了这样的沟通能力，麦肯锡人不用为在社交场合该怎样去做而苦苦思索，因为得体已经成了他们的一种气质，会在不经意间流露出来。

你可以想一想，你是不是曾经为想说服他人但不知道如何开口而苦恼？你是不是曾经因为不知该如何寻找话题而陷入尴尬？你是不是曾经因为开错了玩笑而陷入窘境？你是不是曾经因为不会组织语言而错过机会？你是不是曾经让你想要结识的人从你身边溜走，只是因为你不懂得如何与他们沟通？你是不是曾经羡慕那些诙谐风趣、谈笑风生的人？

如果是这样的话，那么这本书是值得你细读的。在这本书中，我们将以麦肯锡精英们的55个沟通习惯作为主线，向你阐述沟通能力对于生活和商业的重要意义，以及如何才能拥有像麦肯锡精英那样的沟通能力。希望每个读者都能够从本书中得到想要的收获，成为一个能与人沟通、善于与人沟通的人。

目 录
contents

第三章

沟通更具针对性——观察对方的习惯

第四章

做好征询与倾听——"倾听者"的习惯

第五章

让言语更具说服力——"说客"的习惯

第六章

有趣的谈话者——幽默的习惯

第七章
良好技巧促进沟通——化解分歧的习惯

< **❶** 第一章

让沟通直接有效

——保持理智的习惯

保证沟通的有效性，

可以说是我们掌握一些沟通习惯的开始，

而有效性沟通的三原则，

又是这个开始的基础，因此，

对于目的性、同一性和平等性这三个原则，

我们应该牢记心中。

习惯 **1**

确定沟通要解决什么问题

　　麦肯锡人所重视的沟通技巧，和那里的每件事一样，都体现了麦肯锡的文化精髓：务实、专业、以客户为中心。

　　在麦肯锡的精英那里，时间是非常宝贵的，无论是自己的时间还是客户的时间，都不能用来浪费，因此在与客户沟通时，一定要保证沟通的有效性。确保有效性的第一原则是目的性，没有目的的沟通，自然得不到什么结果。为了确保目的性，在沟通时麦肯锡团队要首先确定沟通所要解决的问题到底是什么。

　　一位麦肯锡团队的精英这样说："在进入客户的办公室之前，我总要想好今天是做什么来了，是与客户达成一致，让客户签下订单，还是为客户解答一个疑惑，或者是帮助客户建立一个体系，总之我会带着各种各样的目的去拜访客户，而不是走进一家CFO的办公室里和他喝咖啡聊美式橄榄球。"

　　在沟通前确定要解决的问题是什么，这有两个好处，一是让沟通更有效率，二是不容易让沟通偏离中心话题。

　　没有效率是商务沟通最致命的失误，读者可能会发现这样一种状况：在某天晚上，你与一个客户进行了长达两个小时的谈话，谈话过程中彼此都十分开心，最后你心满意足地结束了这次谈话。但是，三天之后，当你试图再回忆这次谈话时，你却不记得你曾经说了什么，也想不出这次谈话对你的事业有什么帮助，这就是无效的沟通。

一位麦肯锡咨询精英曾提起自己刚刚入职时的"悲惨"经历："有一次，我在飞机上结识了一个企业的高管。他得知我是麦肯锡的人，便与我攀谈了起来。从他的话中我得知他似乎有咨询的需求，于是便有一种想要让他成为我的客户的想法，在整个行程中，我们俩聊得非常开心，我得知他喜欢冲浪，他有一个六岁的女儿，他的大学与我的大学只相隔80公里，他是一个虔诚的素食主义者。我们下飞机的时候互相留了联系方式，但在这之后，他一次也没有给我打过电话，我有一次主动打电话给他，也没有听到他任何业务上面的要求，我只是和他聊了聊家常。

当时我一直不知道自己错在哪里，直到我做这一行的时间长了，见识了很多优秀的咨询精英是如何与客户沟通、如何获得咨询订单，我反思自己当初的表现，这时才发现，自己整个旅程中几乎都在闲谈，居然没有想着把自己推荐给他。"

日常的沟通当中，人们喜欢以天气、家庭、兴趣爱好以及经历作为话题，这种漫谈似的沟通是没有任何效率可言的，因此最好仅把它们限定在没有目的性的闲谈当中，在极其追求效率的商务沟通中，这些客套话是要适可而止的。

商务沟通是需要有明确的话题的，这与闲聊是非常不一样的。在一次商务沟通中，你最好把话题限定在一个或者几个，不要让话题过于分散，因为人的精力总是有限的。在一次沟通中不停地变换话题，结果就是没有任何一个话题能够得到深入的讨论，达不成任何共识。

因为发现了这两方面的问题，所以麦肯锡咨询精英们在与客户沟通之前，首先要做的就是为沟通寻找一个要解决的问题。具体到怎样去实现这一点，有三个原则需要读者铭记：

分析沟通对象。

预判对方的第一反应。

组织好语言。

在刚开始进入麦肯锡工作时，收集和分析事实是精英们的首要任务，正如一位前麦肯锡高级项目经理（senior engagement manager，SEM）所说：拨开麦肯锡阐述其问题解决流程的华丽术语后，你会看到麦肯锡对事实的热情，以及基于事实的细致和深入的分析。

分析你要沟通的对象，这有助于你确定所要解决的问题。比如说一位对咨询服务尚有疑虑的CEO，你沟通所要解决的就是打消他对于咨询服务的疑虑，而如果这位CEO对于咨询服务并没有疑虑，而只是对你有所疑虑，那么你要解决的问题就是让他相信你的专业。这两者是截然不同的问题，在沟通时所采取的策略自然也是截然不同的。

对于普通人来说，预判沟通对象在见面时的第一反应并不是容易事，但对于麦肯锡的精英们来说，这却是必须要做的事情。好在经历了无数次与商务人士的面谈之后，很多麦肯锡的精英都具备了这样的才能。

预判沟通对象在见面时的第一反应，这可以帮你提前做出准备，以应对有可能出现的突发事件，也会帮助你预知在沟通时可能出现的新问题，帮助你更准确地设定或微调你提前设定的问题。

提前组织好语言，这是对于沟通对象的重视，同时也是对你这份工作的尊重。一个谙熟沟通技巧的商务精英，决不应该让沟通变成杂乱无章的闲聊，因此在这之前你必须组织好语言。

围绕设定的问题组织语言，这会帮助你主导沟通的过程，让话题围绕你的目的展开，这对于实现你的目的，达到沟通的效果是有极大帮助的。

总而言之，与人沟通是麦肯锡精英们最重要的工作之一，你的观点需要用沟通来向对方阐述，你的思想要用沟通灌输给对方，你需要用沟通来说服对方，你需要用沟通来与对方保持良好的关系，这都要求你必须牢牢掌握好商务沟通的技巧。

在讲究效率的商业领域，沟通也是同样讲究效率的，而想要实现有效的沟通，第一项要做的就是确定你的沟通工作想要解决的问题，这一点值得所有商务人士借鉴。

习惯 ❷
确定要得到对方何种反应

当麦肯锡顾问把一句话说出口之后，他绝不会不了解对方会对这句话作何反应。换句话说，麦肯锡顾问不会对沟通的结果没有提前的预估。

哈佛商学院历史上第一位女学员，也是麦肯锡团队的第一位女士咨询顾问芭芭拉·明托是一个善于总结和归纳的人。在对工作经验进行总结之后，明托得出一个结论，即为了让一件事情更加具有逻辑性，让它的效果更好，我们必须先把它的结果预估出来。

譬如，我们要解决一个问题的时候，我们要先预估出问题最终的结果，然后再回头推导出解决问题的方法以及支持方法的现实依据。明托女士将这个发现总结为金字塔理论，最上层的结论可以被看作金字塔的塔尖，而支撑这些塔尖的就是各种材料，包括现实、方法论、逻辑线索、推理等。

对于沟通来说，明托的金字塔原理同样适用。在沟通当中，作为金字塔塔尖的是沟通的目的，这种目的以对方的反应为基准，在这个塔尖之下，支撑它的就是各种各样的沟通技巧和沟通习惯。

换句话说，无论是何种沟通技巧，最终我们都是要为目的服务的。而按照金字塔原理，我们只有先了解目的是什么，才可以搭建起行之有效的沟通方式。所以说，对于沟通而言，我们首先要确定自己想要得到沟通对象的何种反应。

如果，我们确定想要得到的是对方心悦诚服地接受我们的观点，那么我们最好不要使用恐吓的语言，而采用一些更加巧妙的说服方式。这才是我们所提倡的逻辑。

如果，我们先用恐吓的语言去影响对方，得到了让对方憎恶并远离我们的反应，然后我们才发觉自己想要的不是这样，这显然是错误的逻辑。从这个角度来看，明托女士的金字塔理论是符合逻辑的。

根据性质，沟通对象的反应我们可以归纳为三大类：积极的、消极的和中性的。积极的反应包括有：同意、首肯、被说服、高兴、友好、达成共识、友善等，这些反应往往会伴随有积极的情绪或者结果。譬如，说服对象的反应是被说服，那么结果就是他们按照我们要求的去做，这就是一种积极的结果。

消极的反应恰好相反，它只会带来消极的情绪或结果。消极的反应有：拒绝、反对、憎恶、愤怒、对抗、恶劣对待、决裂等。当说服对象的反应是彻底决裂的时候，他就会试图撕裂与我们之间所有正面的关系，这就是消极的结果。

中性的反应是无所谓积极和消极的，它包括有：了解、知晓、无所谓等。譬如沟通对象的反应是了解，那么就意味着他们对我们所传递的信息了解了，至于是做出积极的还是消极的行为，都有待进一步的沟通。

沟通者需要了解的是，这三种反应并没有好与坏的区分，也就是说所有的反应都是合理的，我们所要追求的，只是沟通对象的反应与我们的沟通目标相一致。

譬如，沟通对象的反应是愤怒，这在很多人看来是不好的，但如果我们沟通的目的就是为了激怒对方，那么这个结果就是正常的，因为我们实现了沟通的目的。

在提前预估了沟通对象的反应之后，我们便需要为沟通选择策略和方法。适用的策略会带来我们想要的反应，而不适用的策略则只会带来失败。我们不能指望用一些激怒别人的沟通方式来获得沟通对象的好感，因而对于沟通方式的选择，我们必须要做到非常谨慎。

既是麦肯锡咨询顾问，同时也是畅销书作家的埃森·拉塞尔曾举过这样一个例子：一个中层管理者试图说服CFO赋予他一项财务专权。

"这项权利对于我来说非常重要，它会帮助我解决掉很多不必要的麻烦，让我的工作变得更轻松。"这位中层管理者这样对CFO说，但结果CFO拒绝了他，因为CFO的反应是，"你工作的轻松跟我有什么关系呢？"

从这个例子中我们看到，这位中层管理者用了一个会得到中性反应的沟通方式，CFO的反应是"了解"证实了这一点，而中层管理者想要的却是一个积极的反应。那么结果就是，这次沟通以失败而告终。

我们可以这样说，确定要得到沟通对象何种反应，这是一切沟通工作展开的前提，它会让沟通工作更有目的性，也会让沟通方式和沟通手段更加有效。

不过，在这里我们还需要补充的是，凡事都有例外。一些我们认为会得到积极性反应的沟通方式，在一些有特殊性格和特殊情绪的沟通对象那里，可能得到消极性反应。因此，对于在预估沟通对象将会有何种反应的时候，我们还需要观察和分析沟通对象，了解他们的情绪、心理以及性格，关于这一点，会在接下来的章节进行着重阐述。

不管怎样，我们首先必须掌握好自己的目标，确定我们想要得到些什么，才好根据我们的目标进行规划，否则即便掌握再多的沟通方法和技巧，也不过是撞大运似的尝试而已，要知道，闲聊式的沟通绝对不是麦肯锡人追求的目标。

习惯 **❸**

有效沟通的三原则

芭芭拉·明托在其著作《金字塔》原理中提到一个理论：无论如何变幻商务沟通的方式，我们最终的目的都是将观点灌输给他人，那么商务沟通就必须建立在一个基础之上，那就是沟通是有效的。

当然，并非所有的沟通行为都有商业的目的。事实上，目的性虽然是大多数沟通的基础，但是有些沟通也是没有目的的。

譬如，我们要求老板为我们加薪，或者向他人提供一些建议，这些都有明确的目的性。而有的时候，我们只是用话语来调侃他人，与他人闲聊，对他人抱怨或者发牢骚，这些就没有明确的目的性，但它们也是沟通的一种形式。只不过，因为没有目的，我们就没有办法衡量效果，自然也无法证明其有效。所以，这里我们可以得出第一个结论，即有效沟通的第一个原则是：必须具有目的性。

我们为什么要与他人交往？为什么要与他人交谈？为什么愿意与他人沟通？这几个问题的为什么就是目的性。目的性是大多数沟通所共同具备的原则，曾任职于麦肯锡公司的演说家基恩·泽拉兹尼说过，"在我开始演说之前，我必须明确整场演说的目的，并且将这种目的贯彻到特定的某些话当中，以便能够将我的观点传达给读者，让他们明白。"

基恩·泽拉兹尼为了推广自己的图表演示法，曾飞赴全美各地进行演说，每到一个企业里，泽拉兹尼的演讲都受到那些管理者的首肯。而之所以能够有如此好的效果，泽拉兹尼也将之归功于沟通的目的性。

泽拉兹尼曾说，自己在进行演说之前，会用大约15分钟的时间来分析、明确所面临的形势。认真思考，这次演说与上次所做的及下次要做的有什么不同。泽拉兹尼的分析主要以四个问题展开，分别是：为什么做这次演说？想通过演说去说服谁？演说需要用多长时间？选择哪一种媒介能把演说做到最好？这四个问题中最重要的就是第一个，因为它代表着演说的目的性。

从泽拉兹尼的成功理论中我们能够看出，对于有效的沟通而言，一个明确的目的是多么的重要。

保证沟通有效进行的第二个原则是同一性，所谓同一性，指的是我们必须与沟通对象有相同的观点或愿景。

在与人沟通时，我们必须给对方一个为什么耐着性子听我们说话的理由。沟通是没有强迫一说的，我们勉强别人听我们说话，效果绝不会好，为了实现沟通的有效性，我们必须确保对方乐于接受沟通。

譬如一个企业的管理者展开对员工的说服，他想用沟通的方式让员工更加努力地为自己工作，尽管他把话都说尽了，但员工仍然一句话也没有听进去，最终这位管理者生气了，他觉得面前的员工是一个不可能沟通的人，最后，他愤怒地赶走了员工。

那么，这个员工真的是无法沟通的吗？事实并非如此。企业管理者所谓的沟通，完全是站在自己对员工的要求的角度，他并没有寻找到与员工同样的愿景。他要求员工努力地工作，但员工要求什么呢？他并不关心。在这样的情况下，沟通自然是无效的。但如果他能够耐心地听一听员工想要什么，然后将双方的目的中和一下，统一在一起，那么效果就完全不一样了。

芭芭拉·明托说："你期望用言语说服别人为你做什么，那么你首先要确定这样做对对方也有好处，否则对方一定不愿意这样去做。当你试图将某个观念灌输给他人的时候，你也要先确定这个观念能够被对方所接受，否则你所做的一切都只是无用功而已。"

有效沟通的第三个原则是，沟通必须建立在对等的基础上。沟通不是命令，如果有命令的强迫力，我们自然也就不需要和人沟通了。我们无法强迫任何与我们沟通的人，所以，我们就必须和对方站在同一个层面上。

有些人会认为，因为人们身份、阶层、性格、信仰、教育背景的不同，沟通是无法实现真正的对等的。但这些只不过是身份的不对等而已，我们强调的对等沟通，指的是双方在心态和解读上应该是对等的。

譬如，有效的沟通必然是双方互相交流、互相妥协的，但如果有一方认为自己完全不需要与对方交流，自己完全不需要向对方妥协，那么沟通也就没有存在的必要了，他直接向对方下达命令就可以了。所以，为了保证沟通的有效，双方必须站立在一个对等的平台上。

目的性、同一性和平等性，它们是保障沟通有效进行下去的三个原则，对于一次有效沟通而言，这三者缺一不可。

著有《麦肯锡方法》等书的埃森·拉塞尔说过："如果沟通不能够确保将观点传递给对方，那么跟一场自言自语是没有什么分别的。"对于我们而言，掌握麦肯锡的沟通习惯，是为了能够在日后的工作以及生活中将其应用，为我们带来帮助。保证沟通的有效性，可以说是我们掌握一些沟通习惯的开始，而有效性沟通的三原则，又是这个开始的基础，因此，对于这三个原则，我们应该牢记心中。

习惯 ❹

结论先行，按次序表达

从本质上讲，沟通是一种自我的表达，我们用表达来传播自己的观点，来影响他人，来实现与人交流的目的。

每个人都会表达，从小处说，用言语把自己的想法说出来，这就是一种表达，甚至于有的时候，表达都可以不用言语，只有表情和动作，便可以让别人知道我们的喜怒哀乐。然而，表达虽然人人都会，却未必人人都能够表达得好。

在芭芭拉·明托提及自己为什么要研究一种表达的逻辑结构（即金字塔原理）时，她坦言是因为看到很多人因为不善于表达而苦恼，她想要帮助这些人摆脱这种困惑。在她的著作中，芭芭拉这样写道：

人们在工作中遇到的最不愉快的一件事可能就是要写东西。几乎所有的人都认为写作是令人烦恼的事，他们都希望自己能够更"会写"。许多人还曾经被专门告之：如果他们希望在事业上有发展，就必须提高写作的能力。多数人无法在写作上取得较大提高的原因，是他们认为"写得更清楚一点"就意味着使用更简单、更直接的句子。诚然，人们在文章中使用的句子的确经常过于冗长、句子表达也过于笨拙。他们使用的语言经常过于专业、过于抽象，段落中的句子关系有时也安排得比较差。但是，以上这些问题都属于写作风格的范畴……

与说话一样，写作也是一种表达的方式，它通过文字而并非语言向人们传递信息，与人沟通。其结果是，善于表达的人能够更好地与人沟通，而不善于表达的人，则因为害怕与人沟通而苦恼。

芭芭拉认为，沟通并非一件容易的事情，但也绝非"无迹可循"，她指出擅长沟通的人往往具有清醒的头脑，拥有较强的逻辑思维，能够更好地组织语言。他们在进行表达的时候，能够按照清晰的条理进行，而这个条理用芭芭拉自己的话来说，就是"结论先行，次序表达"。

一位咨询顾问对一家企业的CEO这样说道："先生，经过对贵公司长达一个月的走访和调查，我发现贵公司的问题实在是很多。首先说，贵公司HR部门的职责有待加强，走访一个月的时间，我没有见到他们处理过一起员工违纪事件。贵公司的财务部门管理也十分混乱，整个财务策略不统一，这会给以后带来极大的隐患。贵公司产品研发部分与营销部门内耗严重，这些都导致管理体系有崩塌的迹象，还有客户服务部门，我真不知道这个部门居然还存在着，他们基本上就是一群吃闲饭的，整天什么事情也不做……"

听了这样一段话，相信很多读者首先想到的是，这位咨询顾问到底想要表达些什么？他的语言是如此的混乱，以至于让人抓不住他的中心观点，这样的表达自然不可能为他带来良好的沟通效果。事实上，如果任何一个CEO遇到这样一个不善于表达的咨询顾问，他一定会毫不犹豫地与他解除合作。此时，如果我们能够换一种表达方式呢？

如果咨询顾问这样对这家企业的CEO说："先生，就我目前得出的结论，贵公司存在着严重的管理问题和财务问题。管理问题表现在，客户服务部门人浮于事，财务部门管理混乱，产品研发部门与营销部门互相推诿，而这一切的根源就在于HR部门的责任缺失，没有起到很好的监督作用。与此同时，财务问题的原因主要出在财务部门，公司没有一个统一的财务思想。这两个问题是我经过一个月的走访和调查发现的，我有很多资料可以支持我的观点……"

毫无疑问，这样的表达清晰又符合逻辑，用这样的话语传递观点，既能够保证对方能够听得懂，又具有说服力。一个能够这样表达自己观点的咨询顾问，是一定能够得到他人信赖的。

我们看，上面两段话的内容其实是一样的，只是因为表达方式的不同，就造成了两种截然不同的结果，这就是表达的重要性。而后一种表达方式，用的就是明托女士发明的"结论先行，次序表达"理论。

所谓"结论先行，次序表达"，就是通过一定的方式让所要表达的内容形成一个富有逻辑的框架。这个框架包括一个结论，和一些支撑结论的事实或假设，然后通过一定的顺序将他们排列起来，需要表达的时候按照次序表达出来。"结论先行，次序表达"的逻辑框架需要按照步骤展开，具体的步骤为：

第一，画出中心观点。中心观点要放在整个表达框架的最中间或最顶端，在这个框架里，我们要写出将要表达的最重要的内容。

第二，确定逻辑线索。中心观点的展开需要逻辑进行支撑，这种逻辑可以表现为因果逻辑、证明逻辑、推理逻辑等。逻辑可以成为表达框架的龙骨，帮助我们理清表达的思路。

第三，准备材料。为了支持中心观点，我们需要按照逻辑线索准备支持它的材料，材料要取材于现实，因为只有这样，才能够让中心观点显得更加客观。

第四，检查整个表达框架。在框架确立之后，我们还需要对框架进行梳理，查缺补漏，并对整个表达过程加以练习，如此才能让表达更加自然。

除了这四个步骤之外，我们还需要记住"结论先行，次序表达"所要坚持的四个原则：

原则一，整个思维体系只有一个中心观点。

原则二，任何一个层次的分论点（即支撑中心观点的材料或观点）都是其下一个层次的概括。

原则三，每组的论点必须属于同一个范围。

原则四，每组中的论点必须按照逻辑顺序组织排列清楚。

对于沟通而言，拥有一套"结论先行，次序表达"的能力的意义是很大的，它可以被应用于多个领域，帮助我们更好地传递信息，表达自我，说服他人。

习惯 **5**

组织好信息再表达

一位先生正在客厅里看电视，这时，他的妻子走过来对他说，"你难道不想出去走走吗？去帮我买点东西回来吧！"

先生刚刚就想出去买报纸了，只是一时懒得动，于是对妻子说："没问题，我去买一份报纸吧，你需要我给你买什么？"

"我刚刚看到电视上有在播放梨子的广告，我现在特想吃梨子，"妻子在他走向衣柜拿外衣时说，"也许你还可以再买点牛奶。"此时，先生已经从衣柜里拿出外衣，妻子走进了厨房，探出头来说："我看看碗橱里的土豆够不够。对了，我想起来了，我们已经没有鸡蛋了。"

丈夫一边答应着妻子，一边穿上外衣朝门口走去。"再买些芹菜吧，也可以买些橙子。"此时丈夫已经打开了房门，"还有黄油，"妻子接着说道。然后丈夫下了楼梯，这时从楼上传来了"苹果"的喊声。丈夫坐进了汽车，"再买一些酸奶。"妻子大叫道。

"还有其他的吗？"丈夫无奈地笑了笑，妻子摇了摇头，"没有了。亲爱的，早点回来。"

如果妻子不复述上面她提到的那些食品，你猜丈夫能够记住多少个？答案是不超过7个。

以上这个小故事，是芭芭拉·明托女士印证其观点时举过的小例子。她用这个例子来佐证一个观点：语言只有在组织好之后才有利于沟通。

那么，芭芭拉的道理究竟何在呢？哈佛大学管理学家乔治·米勒曾经发表过一篇论文名为《神奇的数字 7±2》。在这篇论文里，米勒教授提出一个观点，那就是人的大脑在短时间内无法一次记忆约 7 个以上的项目。即便有人侥幸记住了超过7个的项目，那么这个数字也不会超过9。

现实中，很少有人能一次记住 9 个项目，更多的人只能记住 5 个或者4个，而普通人的记忆一般会停留在3个，当然，对于一些懒惰的大脑而言，只记住1个也是正常的。这说明一个什么道理呢？就是说当我们的大脑发现其需要处理的项目数量增加到 4 个或 5 个以上时，就会开始将其归类到不同的逻辑范畴中，以便记忆。

在故事最开始的时候，为了方便记忆，丈夫的大脑可能会将妻子要求的物品按超级市场的不同区域进行归类。归类后的结果是：梨子、橙子、苹果；牛奶、酸奶、黄油；土豆、芹菜；鸡蛋。

试着想象一下这个归类的过程，我们就会发现，我们已经在各个项目之间建立了几个组织关系，可以方便对它们的记忆。那么这对于我们的沟通有什么启示呢？

答案就是，如果我们能够将信息进行清晰的归类，进而让自己更容易地记忆它，并了解到记忆它的规律。那么是否就意味着，当我们向别人传递信息的时候，如果也能够通过这种归类的方法来进行表达，就能够让人更容易地记住我们的信息呢？这个问题的答案是肯定的。

归类信息不但有助于我们记忆，也有利于我们将之应用于与他人的沟通之上。所以在沟通之前，我们要尽量组织好信息，让语言更富有逻辑性、条理性。不过，需要我们认识到的是，为了让沟通更加顺畅，我们最好能够在提出项目之前，先把整体的概念说给别人，这对于记忆和理解是有很大好处的。

譬如，妻子如果这样和丈夫说，"我需要一些水果、蔬菜和奶制品和鸡蛋，水果有梨子、苹果和橙子，蔬菜有芹菜和土豆，奶制品有牛奶、酸奶和黄油"，那么丈夫记忆起来一定会更加容易。芭芭拉将这种组织好信息再表达的方式称为自上而下地表达。

芭芭拉说："控制你表达思想的顺序是做到清晰写作的唯一最重要的行为，而最清楚的顺序就是先提出总结性思想，然后再提出被总结的具体思想。"

关于这个问题，芭芭拉还做出了进一步的解释。她指出，沟通者的大脑往往只能逐句理解我们表达的思想，他们会假定一起出现的信息在逻辑上存在着某种关联。如果我们不预先告诉他们这种逻辑关系，而只是逐句地表达出我们的信息，沟通对象会自动从中寻找某种共同点，将我们表达的信息进行归类组合，以便了解各个组合的意义。

不过需要指出的是，由于不同的人的知识背景和能力是各不相同的，因此我们并不能保证同样的表达会在不同人那里起到同样的效果。所以，如果我们不预先告诉我们的沟通对象某一组思想之间的逻辑关系，他们很有可能会认为某一组中的思想之间根本没有任何联系。

退一步来讲，即使我们的沟通对象能够作出与我们完全相同的解读，但我们也在无形中让他们的阅读增加了难度，因为他们必须自己找出这种未被说明的逻辑关系。为了印证这个观点，芭芭拉又举出了一个形象的例子：

假设某人和朋友正在酒吧喝啤酒，突然他对朋友说："上个月我去了一次日内瓦，你是知道的，日内瓦是一个非常保守的城市。一天中午，我们到餐馆去吃午饭，你能够想象得出吗？在短短半个小时之内，我至少见到了15个留胡须或胡髭的人。"

问题是，这个人想要表达的是什么思想呢？他表达的是对日内瓦的印象吗？似乎不是，倒像是在比较城市中的白领阶层；那么他想要表达的是胡须和胡髭？恐怕不是，似乎还应该包括各种面部毛发。这时我们也许会认为，"也许这个人不喜欢男人面部蓄须；也许他是想比较不同办公室职员的蓄须方式；也许他对专业机构如此容忍职员蓄须感到惊讶。"

不管怎样，他的朋友含混地应承了几句，算是对他所说的话的反应。接下来，他又说了，"当然，面部蓄须多年以前就已经是伦敦街头的一景了。"

"噢，"他的朋友想，"我终于明白他要说什么了。他想说伦敦在这方面比其他城市发展得都更早。"于是朋友把理解的意思告诉了他。朋友的理解在逻辑上完全合理，却是完全错误的，因为这根本不是他想表达的意思。事实上，他想表达的思想是：知道吗？我简直难以相信，在商业圈子里，男人面部蓄须已达到了如此被广泛接受的程度。

这个人所要表达的，和他传递的信息不能说没有联系，但如果他之前不把这种联系铺开，谁又能从他那杂乱无章的信息中找出他的真实目的呢？而这也就是为什么芭芭拉女士提倡组织好语言再说话的原因。

实际上，在与人沟通的时候，聪明的做法是选择让对方听得懂的语言，让对方能够理解的逻辑，否则的话，很可能让沟通在彼此感知的错位中失败。组织好信息再表达，这是理智沟通的要求，也是我们应该保持的习惯。

习惯 **❻**

让沟通成为一种艺术

友善的微笑，打动人心的言语，富有感染力的讲话，这些并不是多么难以办到的事情。人人都渴望拥有能够与人进行良好沟通的技巧，其实这种技巧人人都可以通过培养而获得，因为沟通本身就是一门可以学习的艺术。

很多人都会觉得艺术是一个非常神秘的东西，其实并非如此，艺术并没有什么很深奥的秘密。正如我们每一个人的身上都蕴藏着一些艺术天赋一样，每个人身上都有把话说好、把事办好、与人沟通好的潜力，只要我们掌握一些基本的原则和方法，并经过不懈的训练和培养，便不难挖掘出来。

进行一场完美的沟通，我们需要遵守一些基本的原则，运用一些固定的技巧，虽然这种技巧在具体的沟通中有可能发生一些变动，却也像艺术的规律一样清晰而确定。

只要我们在实践中不断地去摸索、实践这些规律，就会使自己的沟通技巧得到长足的进展，最终成为一个成功的沟通者。

沟通的第一个技巧是要让双方感兴趣。兴趣是非常重要的。每一个人都会在某一方面有着属于他自己的独特兴趣。在开始与别人沟通时，一定要想办法知道对方都有一些什么样的兴趣。如果我们事先无法了解到这一点，也没有关系，以后想要找到它们，也并不是一件很难的事情。

常常把别人的兴趣放在心上，然后再将那个话题渐渐地、平易而自然地引到谈话中来。等到这一目的达到后，不论他在别的时候是怎样沉默寡言，此时对方都会很愉快、很流利地打开自己的话匣子了。

在开始一场沟通时，或者想要使这番谈话能够继续下去，就必须要有一个使每一个人都能表现他自己的适当的机会。

有时，当问到一个问题或一件事情需要论证时，这就是一个时机，它需要一个人来发表一下意见，也就是说它提供了一个展示的机会。这种机敏，是你在感觉到别人的兴趣时所产生的。要想使沟通取得成功，对对方的兴趣的了解是必不可少的。当你对某一话题或者是对对方感兴趣时，那么可以想象，一场愉快、有趣而富有成效的沟通即将在你们之间拉开帷幕了。

在兴趣之外，沟通时最好保持心境的平和。带有偏见的态度是无法进行良好的沟通的，心中一旦存有了偏见等消极的态度，就不会让心情感到安定。这样一来，就不可能使自己在和别人的谈话中感到满意了，而且这种不满意是双方的：一方面是对自己的表现和会谈的效果；另一方面的不满则是来自于对方的。

英国作家威廉·赫兹里特在他那篇著名的《令人讨厌的人们》中写道："那些对自己不满意的人，对别人也肯定不会和颜悦色的。"当然，我这里讲的并不是那些因为自身身心上有缺点，便因为自卑而厌恶起别人来的人。我指的是那些因为种种原因心情不好，情绪不佳，从而在与别人交流时，喜欢把这些脾气对着别人发出来的人。

此外，在沟通的过程中，我们还要尽量把自己的意思说出来。在沟通中，我们不可过分在意把话说得如何漂亮和精彩，只要一个人能用合适的方法，准确、切实地说出他心中的想说的话，那么他便能给对方留下一个良好的印象，因为真诚和朴素是具有永远的魅力的。能做到这一点，他便至少能使对方也自然而然地思考、说话了。在这样一种基础上，不论男女老少，想要使自己的谈话富有感染力，是没有什么太大的难度的。

譬如在应聘时，我们想使对方相信我们而给我们一份工作；我们是名推销员，想要将一大批货物卖给客户；我们想竞选或被任命某一职务；我们想要规劝一位朋友或是消除一个人的敌意……总之，如果你想要在商业上，在与同伴的竞争中，在与朋友的萍水相逢中，在与陌生人的偶然相遇中，在工作或游戏中，或者不如说在有别人参与的任何情形中完成些什么事情——那么，你就一定要使自己能说会道，你说话的水平越高，越有层次，你获得的回报也就越丰厚。

我们需要了解的是，在和别人的沟通过程中，我们不但可以把自己的观念传递给别人，同时我们自己也能从中获得别人的新观念。关于这一点，作家爱默生曾经说过："诚恳和愉快的谈话，能增加我们的能力，这一事实是非常确定的；在尽力传达自己的思想给朋友的时候，我们会使这一思想对我们自己更加清晰起来，并且再加上能帮助和愉悦我们的种种渲染。"

在谈及将思想传达给别人这一点上，他又说道："讲话是一种权利，讲话就是说服、强迫、传达，就是消除别人心中原本具有的念头，并使之接受你的意念。"

在沟通中仅仅想打探别人是很容易的，这只需把我们第一个念头说出来就可以了。可是要使沟通获得一个良好的结果，同敌视我们、猜疑我们、漠视我们或者是和我们友好的人交换意见时，要让他们更加喜欢我们、尊敬我们，就是人们每天都在实践着的最光荣，也是最艰难的一种艺术。

要想使自己的讲话富有感染力，并不能只是堆砌词句。那必须是一种心与心的融会、思想的交流以及一种和谐的一致，那才是一切沟通的目的及其最终的结果。

一般说来，在沟通中你所用的字句是很重要的。假如我们拥有大量而丰富的词汇，并且能随心所欲、恰如其分地使用它们，假如我们说起话来流利而顺畅，那么我们就可以说是获得了一个优秀的沟通者的基本工具了。可是光有这几点还是不够的，因为要想使自己的谈话富有感染力并能产生良好结果，就需要我们讲得尽量多而迅捷。

最后需要提醒读者的是，在沟通的时候，千万不要变成一言堂，也要给他人一些说话的机会。一个人独语并不是一席谈话。如果在一席谈话中，所有的话全都由我们一个人讲了，那么我们的这次沟通无论从哪方面来讲都不能算是成功的。当我们在不顾别人的感受而独自滔滔不绝地说着的时候，在场的其他人，也许就会因为缺少发表自己意见的机会而对我们耿耿于怀。

这种情况似乎会给人带来这样一种假象，好像别人已经赞成了我们的意见，而且他们好像会因为我们所说的而产生了一种做事的动力。这对于我们来说不能算是一种真正的成功，并不能给我们带来满意的结果。它只能表明我们正在让别人积蓄一些不愉快的情绪，在不久以后，在另一种情形之下这种不愉快的情绪也许就会爆发出来。

总而言之，有效而又有趣的沟通并不是一件多么困难的事，只要足够勤奋，多花一些时间练习自己的沟通技巧，每个人都可以成为谙熟沟通艺术的"艺术家"。

习惯 ❼

导致沟通不畅的原因

24

　　一个正常的大公司往往分为高层管理者、中层管理者和基层员工三级结构。这三个层级的分工各不相同，高层管理者负责制定公司的发展战略，管理整个公司的发展方向，基层员工负责具体的生产工作与服务，而中层管理者则负责连接高层与底层，起一个上传下达的作用。

　　麦肯锡团队研究发现，对于一个企业的中层管理者来说，沟通可以说是他们最重要的工作之一。麦肯锡团队证实，一个中层管理者花费在沟通上面的时间可以量化到50%以上。

　　然而，并不是所有的中层管理者都善于沟通。研究显示，很多中层管理者50%以上的沟通都是无效的，也就是说，因为沟通不畅导致很多中层管理者25%以上的工作都是在做无用功，由此可见，沟通不畅的危害还是极大的。那么是什么导致了沟通不畅的发生呢？经过多年的研究，麦肯锡团队逐渐总结出沟通不畅的十几种原因，分别如下：

　　原因一：对沟通的准备不充分。为了保证沟通的畅通，我们需要让沟通在一个富有逻辑的框架内展开，最好沿着一个主题进行讨论，但如果双方的准备不充分，对于所讨论的问题掌握的信息不足的话，那么沟通的效果就会受到严重影响。

当我们试图就某事与高层进行沟通时，却发现高层对于我们所说的事一概不知，那么沟通自然就没有进行下去的必要了。当我们与基层员工进行沟通时，发现他们连我们讲什么都不知道，那么这样的沟通又能有什么效果呢？

原因二：过多计较不必要的细节，被无关的信息所干扰。在企业内部进行沟通时，最好直奔主题，一些不相关或是不重要的信息最好先放一放，因为如果这些东西太多，会严重降低信息的重要性，并分散沟通者的注意力，从而使沟通没有恰当的重点。

原因三：无意义的寒暄、闲聊。无意义的寒暄可以作为沟通感情之用，但需要注意场合和地点，在明显不用寒暄的地方，仍然进行无意义的闲聊，这就必然会让沟通对象产生这次会谈不重要的印象。

原因四：沟通的时机选择不对。沟通是需要时机的，在合适的时间、合适的地点进行合适的沟通，这会帮助我们提高沟通的成功率，相反，如果时机不太恰当，势必会大大影响沟通的效果。

原因五：卖弄专业术语。有些人在沟通前不了解沟通对象的真实情况，或者自认为了解对方的情况，抑或是为卖弄自己的专业知识，在人面前应用大量的专业术语，这往往会让人既不明白他说的是何意，又不好意思张口发问，就只能让沟通的结果来埋单了。

原因六：沟通渠道的混淆。在沟通的时候，应该用正式渠道沟通的事情，却采用了非正式的沟通渠道进行；或者应当采用非正式渠道的事情，却错误地以正式沟通形式进行，这都会给沟通埋下很深的隐患。

譬如，某企业在每年2月宣布员工的升职名单，HR部门通常会在1月确定初步的人选。人事部职员A与销售部职员B闲聊时，在后者的一再追问并承诺不外传的前提下，被迫透露了升职人选的一些内幕。不久，公司内有关升职的传闻沸沸扬扬。职员们纷纷向部门经理抱怨，部门经理纷纷向HR经理询问，公司正常的工作气氛受到很大影响。

原因七：缺乏信任。沟通应该在真诚的氛围内展开，但有些人却并不能保证自己的真诚，当双方缺乏起码的诚意和信任的时候，沟通自然也就无从谈起了。因为A说的话B不信，B说的话A也不同意，那么沟通还有什么必要呢？

原因八：职责不清。有些时候，不良沟通是职责不清、职能划分混乱所带来的。譬如某个业务经理说："我们要购买一些专业设备，却要通过他们行政部的人来买，他们根本就不知道设备的价格、性能和供应商，和他们扯不清。"行政部经理却说："公司规定办公设备都要我们来购买，业务部想越俎代庖可不行。"这样职责不清，最终的结果就是双方相持不下，谁也不让谁，没有妥协和退让，那还有什么沟通可言？

原因九：拒绝倾听。沟通不仅仅是表达自己的意见，更重要的是要听取对方的意见，要在平等的气氛下让双方达成一致，而并非一方压倒另一方。但是有些人在沟通的时候，总是喜欢把自己摆在高别人一头的位置上，拒绝与他人进行交流，更是拒绝倾听别人的意见，结果导致沟通失败。

原因十：带有严重情绪化。在一个人高兴的时候与之沟通和在他不高兴的时候与之沟通，效果往往会有很大差别，在与人沟通的时候，要尽量避免情绪化，因为情绪会影响到人的正常思维判断，进而促使人做出错误的选择来。

原因十一：不反馈。在沟通结束之后，应该就下一步该怎么做达成一致，并将信息及时地反馈给对方。但大多数人在沟通之后都忘记了反馈一事，结果导致沟通效果虽然好，去没有任何实际作用。

原因十二：表达不准确。语义含混，语言缺乏逻辑，想说的没说清楚，导致对方理解上混乱，这些都会成为导致沟通不畅的重要原因。

总而言之，造成沟通不畅的原因多种多样，更关键的是，这些状况并非只出现在企业的中层管理者身上，在我们普通人身上，因为各种各样原因导致的沟通不畅更是比比皆是。

习惯 **❽**

认识对沟通的误解

尽管我们认为沟通是社交与工作当中的重要手段，但这并不代表着沟通是一应俱能，可以解决一切。沟通不可能帮助解决所有的问题，有时候，即使我们为沟通下了很大的工夫，它也依然会以失败而告终。

譬如，当我们在考试中拿到一个不如意的分数，我们试图去说服教授，让他帮我们修改分数。不管我们如何诚恳地与他进行沟通，并试图证明这样做对他也有好处，但他仍然拒绝了我们。这样的沟通并非是无效的，但它却没有解决问题。这个事例就帮助我们对沟通有了一个清醒的认识，沟通并不是万能的。

除了沟通并不是万能的，对于沟通，我们还应该有一些其他的认识。尤其是从消极的方面来说，人对于沟通的误解其实是很多的。

第一，沟通并不是越多越好。很多人习惯于频繁地与人沟通，他们认为沟通的次数与沟通的效果是成正比的，但事实往往并非如此。

苏扎乐·托司尼是Freddie Mao公司的高级管理人员，他以前曾经在麦肯锡公司担任项目经理，托司尼非常重视与下属和同事的沟通，但是，他认为沟通要有其必要性，不能太过频繁。托司尼说："每天大家上班的第一件事就是聚在一起开会，如果有信息就分享出来，如果没有信息，就立即散会，因为无谓的闲聊是没有必要的。"

托司尼还认为，对于有些最终也无法达成共识的看法，不要进行沟通是最好的。因为沟通得越多，越容易让双方进入死结当中，让事情在原地打转，除了浪费时间、恶化感情之外，得不到任何好处。"西雅图海鹰厉害还是丹佛野马厉害？对于这样明显得不到共识的问题，难道有沟通的必要吗？"托司尼这样说道。

第二，我们也应该了解，沟通并不是咬文嚼字。很多人经常犯的一个错误是，认定沟通就是把话说出来，至于对方如何理解，那是另外一回事儿。然而，沟通的真正目的是信息的互换与达成共识，至于谁说的话多，谁说不说话，真的并不是很重要。

如果你千方百计说出了一句话，却被对方误解了你的意思，这反而是一种不好的状况。与此同时，如果你的意思对方已经理解了，对方也接受了你的观点，那么你就没有必要再卖弄语言，更没有必要和对方咬文嚼字了。

第三，成功的沟通并不代表着必须要了解彼此。互相了解可以帮助我们更加顺畅地进行沟通，然而，这并不意味着沟通就必须要相互了解。很多时候，相互陌生的人之间的沟通也是能够有效地进行的。

更有趣的是，有研究发现互相谅解的关系有时候依赖片面的了解。也就是说，两个并不那么熟悉的人反而可能容易沟通起来，而相互了解得过多，有时也可能成为沟通的障碍。

第四，沟通是无法消除的。有的时候，我们对于失败或错误的沟通会有一种妄想，我们妄想可以回到过去消除某些行为或言论，然后将它们修饰成比较妥当的言行举止。不幸的是，这些重返过去的愿望都是不可能达成的。

某些时候，更多的解释的确可以澄清某人的疑虑，道歉可以减缓某人的创伤；但也有时不论我们再怎么解释，都无法挽回一次失败的沟通在他人心中留下的印象。这就要求我们在与人沟通的时候，要时刻保持谨慎的态度。

第五，沟通的作用是不可重复的。有的时候，我们因为一次沟通而获得了一些利益，我们想着再把它重复一次，但结果往往会让我们失望，这就是因为，沟通的作用是不可重复的。

我们不排除两次同样的沟通可以带来同样的效果，但这种只是偶然现象，相对来说，大多数情况下两次沟通的效果都不会相同。譬如，我们在早上用一个友善的微笑拉近和陌生人之间的距离，但这不代表微笑在晚上同样奏效。当你再次使用微笑攻势时，可能就显得过于老套或做作了，转换一下场合或接受对象效果就会完全不同。

而且，即使是同一个场景，面对同一个人，我们也不太可能重复创造出一模一样的事件。这是因为我们每天都在改变，每一天的自己都是不一样的，我们给他人的感觉随时都可能改变。记住了这一点，我们便应该懂得及时更新我们的沟通方式的道理了。

最后，沟通的效果有时会被夸大。研究发现，人的反应很多时候并非只针对单一事件或特定的对象，尽管沟通技巧可以帮助我们得到想要的结果，但是我们要明白的是，千万不要认为所有的结果都是由单一事件所造成的。在很多情境下，有许多因素都会影响他人如何来回应你的沟通。

一位车间主任召集工人们进行例行的沟通，大家讨论了最近工厂的一些事情，最后车间主任请求大家更加卖力地工作，这个请求最终得到了工人们的首肯。但是，这一切并非是因为沟通而导致的，真正的原因可能是因为当时正处于经济危机当中，这些工人害怕自己因为不够努力而被裁掉。

清醒地认识沟通的缺陷，以免对沟通产生误解，这与掌握沟通的技巧同样重要。对沟通的误解往往会让人陷入到社交的尴尬中去，而了解这一切，无疑就可以帮助我们避免这一点。

沟通是真心的交换

——真诚的习惯

在与他人沟通的时候，

我们要用自己最为感性的一面去打动对方，

这样才能顺利地进驻他们柔软的内心。

若能让自己充满人情味，

慢慢你就会发现，

自己的人缘变得越来越好了。

习惯 ❾

学会尊重才能学会沟通

1924 年是改变商业以及企业管理模式的一年，在这一年中，一项伟大的试验在芝加哥附近的霍桑工厂展开了，我们现在将其称为"霍桑试验"。

霍桑试验的目的是根据科学管理原理，探讨工作环境对劳动生产率的影响，在实验开始一段时间之后，哈佛大学梅奥教授参加了进来，他用心理学的方式研究心理和社会因素对工人劳动过程的影响。九年之后，梅奥教授出版了《工业文明的人类问题》一书，提出著名的"人际关系学说"，从而为商学和管理学开辟了新的方向。

在霍桑试验中，最著名的一例是被称为"访谈实验"的活动。在访谈实验中，梅奥教授组织人力在工厂中开始了访谈计划，访谈内容事先并不规定，每次访谈的平均时间为一个小时到一个半小时，在访谈中，研究者要详细记录工人的不满和意见。

访谈实验开展之后，梅奥教授发现，工人们长期以来对工厂的各项管理制度和方法存在许多不满无处发泄，而访谈计划的施行恰好为他们提供了发泄机会。发泄过后工人们心情舒畅，士气提高，使生产效率也得到提高。

现代管理学将访谈实验看作人力资源管理工作的开始，而麦肯锡顾问艾森·拉塞尔则认为，访谈实验其本质其实是一种对人的尊重。

在访谈实验开始之前，管理者根本不尊重工人，他们从没有听取工人建议的想法，在他们的眼中，工人就如同工具等生产资料一样，是可以随意调配的。在这种情况下，沟通渠道是不存在的，工人们也就只能按照自己的想法并在规章制度的监督下进行工作，其工作效率是可想而知的。

但是，一旦有了沟通的渠道，工人们可以吐露自己的心声了，那么情况就完全不一样了。他们感觉到自己的意见被重视了，进而寻找到了被尊重的感觉，他们愿意为尊重他们的人更加努力，所以生产效率就得到了提高。

艾森·拉塞尔在他的麦肯锡方法中说，在企业管理中，与工人们沟通最一开始的本意是尊重他们，在此之后，才是从他们那里交换各种信息，因此可以说管理中的沟通是由尊重演变而来的，而这也说明了另外一个问题，那就是沟通本身就意味着尊重，如果不是建立在尊重基础上的沟通，那么便算不上合理的沟通。

拉塞尔这段话并非毫无道理，我们可以对比一下警察提审的犯罪嫌疑人和询问的目击证人。警察在提审犯罪嫌疑人尤其是那些罪行昭彰的犯罪嫌疑人时，他们的态度往往是不够尊重的，原因是他们需要的只是对方认罪伏法，这种交流应该称为质询或者审问。

但是对目击证人则不同，警察必须很小心地对待他们，对他们采取尊重的态度，因为警察需要从他们那里获取一些破案的信息，如果不够尊重的话，目击证人很可能就会拒绝说出信息，那么沟通的目的也就实现不了了。

所以我们说，一切有效的沟通必须建立在尊重的基础上，而我们想要学会沟通，也必须要从学会尊重他人开始。

在麦肯锡顾问的工作中，有大量的访谈工作需要完成，这些初级的工作往往会被交给那些刚进入公司的小员工来做。但是，在做这项工作之前，公司会要求这些员工先演练一次，目的是纠正他们在访谈中的一些陋习，以确保不会因为他们对人的不尊重而获得错误的信息。

尊重他人，这不仅仅表现在语言和神态上，还表现在对人的态度上。最感人的尊重，是对他人的欣赏。每个人都渴望得到别人的理解和赞赏，因此，我们用倾听来理解他人，用欣赏来让他人获得满足感，这便是最好的尊重。

当我们和陌生人进行沟通的时候，我们要试图去发现他们的优点，去赞赏他们值得称道的地方。除此之外，我们还要用行动表示出对他们的关怀、体贴，用微笑让他们感觉到我们的热情，这样一来，他们就会放下心中的隔阂，敞开心扉地与我们进行沟通了。

强生公司中有位名叫保罗的业务员，他为人细心，与人相处时懂得照顾到每一个人。他的主顾中有一家是药品杂货店。保罗每次到这家店里去的时候，总要先跟柜台的营业员寒暄几句，然后才去见店长。

有一天，这家杂货店店长突然告诉保罗让他今后不用再来了，因为他的店不想再卖他们公司的产品了。保罗虽然不解，但不好意思再问，只好悻悻地离开商店。他开着车子在镇子上逛了很久，最后决定再回到店里，将事情弄清楚。

当他再次来到店里的时候，照旧和柜台上的营业员去打招呼，然后再去见店长。没想到，这次店长不但没赶他走，反而笑着欢迎他回来，并且订了比平常多一倍的货。

保罗感到万分惊讶，他不明白自己离开店后，店里到底发生了什么事。于是，按捺不住好奇心便开口询问，店主指着柜台上那个营业员说："你从店里离开后，柜台上的营业员就走过来告诉我，说你是到店里来的所有推销员中，唯一一个会同他打招呼的人。他告诉我，如果有什么人值得做生意的话，就应该是你。"说完，他笑着说道："我也是这么认为的。"从此以后，这家店的店主成了保罗最好的雇主。

从保罗的故事中，我们可以看出，关心、重视每一个人是我们与人沟通的时候必须具备的特质。尊重如同一缕春风，当你用诚挚的心灵，使对方在情感上感到温暖，愉悦，在精神上得到充实和满足时，它换来的就是别人对你的春风拂面，这时，你将会获得和体验到一种美好、和谐的人际关系，也将拥有更多的朋友。

世间的生命是没有任何所谓的"高、低、贵、贱"之分的，只是分工不同，每个人都应该获得别人的尊重。那些懂得如何与人沟通的人，就是能够对身边人给予足够重视的人！正如一位哲学家说的那样："自己生存，也让别的动物生存，这就是善。只考虑自己生存不考虑别人生存，这就是恶。"一个懂得尊重别人的人，才是真正能俘获人心的人！

　　惠特曼说："对人不尊敬，首先就是对自己的不尊敬。"一个人的人生如何，很大程度上取决于他与其身边环境相处得如何。一个人若对其身边的人做不到尊敬，那么其身处的环境就会险恶无比，久而久之，他也就不容于他人、不容于社会了。

想要别人理解，先去理解别人

在麦肯锡团队内，有一条可以被称作是"金科玉律"的条文，条文的内容是：做咨询工作的前提是先要去理解别人，而不要先拥有自己的主观意志，然后把这种意志强加给别人。在充分了解客户之前，一定要保持思维的独立性，不要过多干预客户的内部事务。

麦肯锡这条"金科玉律"向我们传递了一个信息，那就是对于一家如此强大的咨询公司，对于拥有无数解决问题的方法的麦肯锡，理解用户依然是他们奉行的准则。这也就解释了为什么麦肯锡顾问都特别重视与客户的沟通，因为只有有效的沟通，才能帮助他们理解他人，只有理解了他人，才能让他们得出正确的结论。

那么，麦肯锡这条金科玉律是怎样得来的呢？追述麦肯锡的历史，我们可以说，它是从血一般的教训里得出来的。

1925年，美国大学会计教师协会主席、芝加哥大学教授詹姆斯·麦肯锡创立了麦肯锡公司——世界第一家咨询公司。此后，经过十年的发展，詹姆斯·麦肯锡在咨询行业越做越大，事务所也从芝加哥开到了美国各地。

取得了成功的詹姆斯·麦肯锡开始有些膨胀，终于，在1935年，骄傲的他离开了咨询行业，进入Marshall Field的大型百货公司做总裁。因为之前十年咨询生涯让麦肯锡积累了大量的管理经验，他觉得这些经验完全可以在Marshall Field用得上，于是便开始了大刀阔斧的改革。

需要强调的是，在改革之前和改革的进行中，詹姆斯·麦肯锡都是一意孤行，从来没有征求过任何一个人的意见，也没有试图与任何人沟通。詹姆斯·麦肯锡天真地以为他的改革是对每一个人都好的，但他却根本没有理解员工们和股东们到底需要什么。

因为不理解其他人的需求，詹姆斯·麦肯锡的改革自然也得不到理解。终于，在员工和股东的一致阻挠下，詹姆斯·麦肯锡的改革以失败宣告了结束。他本人黯然离开了Marshall Field公司，并且因为接受不了失败的打击，很快便过世了。在过世之前，詹姆斯·麦肯锡留下了这个金科玉律，作为对麦肯锡后人的警醒。

我们看到，麦肯锡失败的原因归根结底就在于他与其他人没有沟通，他没有试图去理解其他人。我们要知道，沟通是一个相互的过程，我们需要他人的信息，就必须要让他人理解我们，而他人理解我们的前提是我们必须先理解他们。一个不懂得理解他人的人，自然是得不到他人理解的，也一定无法让沟通有效地开展下去。

在沟通过程中，许多人常常有这样的困惑，为什么自己为别人付出了很多，却始终得不到别人的理解，甚至使别人产生误会？这主要是因为他没有从根本上了解别人的想法，没有给予他们真正想要的东西。

与人沟通，好比战场上打仗，熟悉对方的一举一动，读懂对方非常重要。要想让别人真心接受我们的意见，就要先给予他们真正想要的。能够设身处地地为别人着想，洞察别人的心理，就不必担心自己得不到别人的理解。

在别人最需要的时候，给予他们帮助，才能填满他们心灵上的空缺，让他们感到温暖。就像钓鱼的时候，如果想钓到鱼，就要像鱼那样思考，而不是像渔夫一样思考。

在美国著名的思想家、文学家爱默生身上曾发生过这样一个有趣的故事。

一次，爱默生和儿子想把一头小牛赶到谷仓里去，他在后面用力推牛，让儿子在前面用力拉，可小牛似乎一点也不给爱默生面子，无论他们怎么用力，它就是一动不动，坚持不肯离开牧草地。就在这对父子几乎绝望时，一位爱尔兰妇女凑巧走了过来，她被这两个人的奇怪动作乐坏了，虽然她不会写什么文章，但比爱默生更懂"牛性"。她把两个大男人支开，用自己充满母性的手指放进小牛嘴里，一面让它吮吸，一面轻轻地将其推入谷仓里。

那么，那个爱尔兰妇女为什么成功了呢？原因很简单，她只是比只知写作的爱默生更懂得小牛心里想的是什么。只要能够满足其需求，别说是人，就连牲畜也会乖乖听你的调遣，由此可见，了解别人的想法，像鱼一样思考是多么的重要！

心理学上有个情绪管理法叫"移情法"，它指的是人不仅要能察觉他人的情绪，还要用心去感受他人的情绪，也就是我们通常所说的换位思考，站在对方的立场上考虑问题，理解他人，从而达到情感上的共鸣，让对方对你所要表达的意思感同身受。在销售学中尤其要学会运用移情法，因为行销业是一个感性的行业，成交的关键要看客户的感觉，客户通常不喜欢被强行推销，优秀的销售者通常能够洞察客户的心理，通过对话和交流，让客户自然而然地感受到销售者的真诚，从而促成交易。一句话，赢得了客户的心就赢得了成功！

乔·吉拉德被誉为世界上最伟大的推销员，他曾创造出一年卖出1425辆

（平均每天4辆）雪佛兰汽车的罕见纪录，该纪录已被收入《吉尼斯世界纪录大全》。下面是发生在他身上的一个有趣的故事。

一次，一位打扮朴素的中年女士走进他的展销室，说她想在那儿看看车打发时间。闲谈中，她对乔·吉拉德说自己想在对面的福特车行买一辆类似于她表姐的福特车，作为生日礼物送给自己，那天正好是自己50岁生日，可对面福特车行的推销员却让她等一个小时后回去，于是她只好先到这儿来看看。

"生日快乐！夫人。"乔·吉拉德一边说着，一边示意她随便看看。接着，他利用妇人看车的时间出去交代了一下事情。回来后，他继续与妇人攀谈："夫人，既然您喜欢白色车，刚好我们这也有一辆白色的双门轿车，我带您看看吧。"

他们正在车旁交谈时，秘书推门进来，递过来一束玫瑰花，乔·吉拉德将花送给妇人，真诚而深情地说道："祝您生日快乐，尊敬的夫人。"

"噢，太谢谢你了！"妇人显然被乔·吉拉德的突然之举打动了，她的眼眶里有泪花儿在打转，"已经很久没有人给我送礼物了，你知道吗，刚才那位福特车行的推销员一定是看我开了部旧车子，认为我买不起新车，所以才借口离开了，其实我只想买一辆白色车子而已。你知道，正因为表姐开的福特车，我才想买福特车，可现在想想，是不是福特车已不那么重要了。"经过一番交谈，妇人显然已将真诚的乔·吉拉德当朋友一般看待，并乐意向他倾诉自己的不快，最终，妇人在乔·吉拉德这儿买走了一辆白色的雪佛兰汽车。

乔·吉拉德从头到尾都没有表现出丝毫劝妇人放弃福特而买雪佛兰的举动，妇人只是从乔·吉拉德身上感受到了重视，产生了亲切感，才转而去买雪佛兰车。乔·吉拉德的所作所为正是自然地利用了移情法，把自己放在客户所处的位置上，真正做到站在客户的角度看问题，从而改善了顾客的情绪，赢得了顾客的满意和欢心。

　　的确如此，生活中，我们每个人都有自己所需要的东西，我们永远对自己所要的东西感兴趣，我们所感兴趣的一定是我们所要的东西，但别人感兴趣的并不一定是我们所要的，因此，我们要想从别人那里得到我们感兴趣的，也必须对别人感兴趣的东西感兴趣。因此，世界上唯一能够影响别人的方法是，理解他们的需求，并满足他们，只有这样，我们才能够得到我们想要的。

有一种魅力叫微笑

当你收起笑容，一脸严肃地与某个人交谈时，他下意识地会对你的话感到重视。但如果，你无论说什么话都板着脸，没有任何笑容的话，那么慢慢地，这种重视就会减弱到几乎没有了。

麦肯锡顾问肯托报名参加了一场匿名交流会，在与人交流时，他发现整个团体的气氛都非常压抑，每个人都板着一张脸，没有任何笑容。在这样沉闷的气氛中大家交流了二十分钟，肯托觉得实在是太烦躁了，他想转身离开，他觉得很多人恐怕也有同样的感受。

此时，主持人带着一脸笑容赶来了，微笑着的她仿佛一个天使降临人间一样，她到来后，气氛立即就变得不一样了，大家开始活跃起来，有些人甚至说起了笑话。

在交流会之后，肯托回忆当时的情景，他不觉得是主持人在起作用，因为这期间也有其他人加入进来，但没有带来任何的良好效果。他认为真正让大家活跃起来的是主持人的态度，和她脸上挂着的微笑。

微笑有一种特殊的含义，它代表着友善和关怀，脸上挂着微笑的人，在与人沟通的时候，会让人有一种被体谅的感觉。拿破仑·希尔说过，"真诚的微笑，其效用如同神奇的按钮，能立即接通他人友善的感情，因为它在告诉对方：我喜欢你，我愿意做你的朋友。同时也在说：我认为你也会喜欢我的。"

出此可见，微笑对于沟通实在是有很大的辅助作用。

微笑可以在瞬间消融彼此的隔阂，缩短人与人之间的心理距离。在与人沟通的时候，把微笑写在脸上，就会给人以温暖，使人感到轻松愉快，能够迅速提升你的个人魅力，使沟通变得顺畅。

一名求职者到一家刚刚成立的公司参加面试，当他看到该公司内部设施简陋，脸上便愁容满面，提不起任何精神。老板看到他呆滞的表情，便失去了继续交谈的兴趣。而另一位求职者从进来到离开，脸上一直带着微笑，他对老板说："我如果能够来到这里工作，心里非常高兴，我一定会努力工作。"老板对他产生了好感，最终他被录用了。

然而不知道从什么时候开始，人们似乎忘记了微笑。在现在这个异常紧张的商业社会里，挂在人们脸上的微笑已经变得越来越少了。我们终日生活在繁忙的工作和社交应酬中，紧张和压力占据着身心，脸在不知不觉间被抽紧了，显得死板而毫无生气。

如果我们仔细观察就会发现，每日穿梭于街道上、公交中和各式写字楼里的人们，大多拉着一张脸，看起来像是奔赴一个个庄严的朝拜仪式。那么，人们的微笑都到哪里去了呢？

其实，并不是人们不再会微笑了，而是忘记了微笑的重要性。但是，作为社会的人，我们终归是要进行社交活动的，没有一张微笑的脸，我们靠什么去征服别人，赢得别人的信赖呢？

当美国国父华盛顿还是一位上校的时候，他率领着他的部下驻守在亚历山大里亚。当时，那里正在选举弗吉尼亚议会的议员。华盛顿也参加了这次选举，选举中，有一名叫威廉·佩恩的人反对华盛顿所支持的候选人。两个人因意见不合，在选举的某一问题上展开了激烈的争论。心高气傲的华盛顿出言不逊，触犯了威廉·佩恩，血气方刚的佩恩一怒之下，将华盛顿一拳打倒在地。华盛顿的部下闻讯后，群情激愤，部队马上开了过来，准备替他们的司令官报仇。

但华盛顿没有抱怨什么，也没有派人去揍那家伙，而是当场阻止，并劝说他们返回营地，一场一触即发的不愉快事件就这样在华盛顿的劝说下被化解了。

翌日清晨，华盛顿派人到佩恩的住处送去了一张便条，要求他尽快赶到当地的一家小酒店来。佩恩猜想华盛顿一定是怀恨在心，找他单独决斗来了，但"是福不是祸，是祸躲不过"，佩恩怀着凶多吉少的心情如约来到那家小酒店。然而，出乎他意料的是，他所看到的不是手枪而是华盛顿端过来的酒杯。

华盛顿看到佩恩到来，立即起身相迎，并微笑着递过一只酒杯，说道："佩恩先生，犯错误是人之常情，纠正错误是件光荣的事。我相信昨天所发生的事情是我的不对，你已经在某种程度上得到了满足。如果你认为到此可以解决的话，那么请干了这杯酒——让我们交个朋友吧。"

佩恩激动得不知道该说什么，仰头喝完了杯中酒。从此以后，佩恩成为一个热烈拥护华盛顿的人。

对于身体上受到的冒犯和伤害，华盛顿没有选择以恶制恶，而是报之一笑，用微笑化干戈为玉帛，最终使对方意识到了自身的粗俗和低劣。这一点显示了华盛顿极高的情商。据说，美国历史上最负盛名的"二流智商，一流情商"的代表人物就有乔治·华盛顿，其他两位分别是富兰克林·罗斯福和西奥多·罗斯福。而这个情商极高的人最终也靠微笑赢得了对手的支持和拥护。

几乎所有熟悉沃尔玛的人都知道它的"三米微笑原则"，它要求沃尔玛的员工在三米以内遇到一位顾客时，要看着他的眼睛微笑着与他打招呼，同时询问他能为他做些什么。"三米微笑原则"是沃尔玛百货公司的创始人山姆·沃尔顿先生传下来的，它能够让顾客在光顾沃尔玛时感到心情愉悦，备受重视。沃尔顿先生深知，只有让顾客满意，企业才能生存发展，而与顾客沟通最有效的办法就是保持微笑。所以，他一直用这套简单的原则要求着他的员工，这也是沃尔玛成长壮大的秘诀之一。

事实上，越是成功的人越是注意微笑的连锁反应，微笑是一种奇怪的电波，也是一种非常有魅力的语言，它会让人在不知不觉间同意你，拥护你，支持你的观点。在国家间举行国事访问的时候，微笑比语言更容易达到沟通的效果，因为它能够打开彼此间的心结，迅速让两国间的情谊升温。许多深谙此理的管理者也正是通过微笑加强与员工间的沟通和协调。

在佐治亚州，一家钢铁和民用蒸馏公司的子公司因经营不善而陷入困境。总公司为改善子公司现状，特派迈克担任子公司的总经理。迈克走马上任后，企业面貌迅速发生了巨变。原来，迈克在工厂里到处张贴了这样的标语："请把你的笑容分给周围的每一个人。"除此之外，他还把工厂的厂徽改成一张笑脸。平日里，迈克总是喜欢穿着有微笑胸章的厂服在车间里巡视，并微笑着同每位工人打招呼，笑着向他们征求意见，聆听他们的心声。令人称奇的是，三个月后，他居然能叫出全厂（2000名员工）每一位员工的名字来。在他的关怀下，员工的工作热情大大提高。三年时间内，子公司虽未增加任何投资，生产效率却提高了30%。

迈克用微笑加强了与员工无形间的沟通，激励了员工的工作热情，可以说将微笑运用得非常高明。其实，微笑是人际交往中最简单而又最厉害的武器，俗语说"伸手不打笑脸人"，与人交往时，没有人能拒绝一个微笑者的热情。所以，要想使自己在与人沟通中更受欢迎，开始微笑吧！一个会微笑的人运气不会太差！

习惯 ⑫

友善，才能拥有人气

这里有一个流传很广的笑话：东风与北风打赌，看谁能把路人的帽子从头顶摘下。北风先来，它用力地吹，只吹得路人瑟瑟发抖，但帽子非但没有被吹掉，反而被路人越捂越紧了。北风退下，东风上阵。东风并没有像北风一样暴虐，只见它用和暖的风吹向路人，暖风伴着阳光让路人很是温暖，于是便将帽子摘了下来。

东风与北风的故事给了我们一个启示，那就是亲和力往往是要比威慑更有力量。麦肯锡公司的劳威尔在为客户进行管理咨询时经常强调一个理念是，中层管理者对下层的员工要非常友善，只有这样才能够获得员工们的拥戴。

劳威尔，这位剑桥大学的高才生，他获得这个理念的地点并不是麦肯锡公司，而是在剑桥大学的辩论社中。在进行辩论之前，主辩需要与其他三个辩手进行一次彻底的沟通，在这次沟通中，主辩的主要角色并不是强调自己的作用和安排，而是倾听其他三位辩手的意见，这是保证整个团队氛围友好的方法。

主辩先用友善的态度对待他人，他的同伴才会用友善的态度来回报给他。其实，人与人的沟通，说到底是心与心的交流，两颗心能否最终走到一起，关键是要看彼此对对方的感觉，而亲和力无疑是让对方对我们"来电"，拉近我们与对方关系最好的力量。

当一个人觉得我们很亲切，与我们相处如沐春风时，那么自然而然他对我

第二章 沟通是真心的交换——真诚的习惯

们的情感基调就会慢慢深厚起来。而如何塑造亲和力呢？答案就在于提升容纳力。什么是容纳力？就是指一个人能够接受他人的能力，一个人的能力越强，其容纳力也就越强。

举一个例子，假设读者是有洁癖的人，当你遇到一个不修边幅的人时，你自然会在内心里升起一股对他的厌恶。而如果你把这种厌恶带在脸上，对待他的态度冷若冰霜，那么你就不算是一个容纳力强的人。而如果你虽然内心不喜欢，却能坦然地接受，并与之谈笑风生，那你便算是一个容纳力强的人。

容纳力强的人，能够更多地接受别人，自然也会得到更多的人接受。然而社会上普通人的容纳力却大多不怎么强，而这也就是大多数人都没有什么亲和力的原因了。

曾经有一位心理医生这样说："如果大家都有容纳的雅量，那我们就失业了！心理治疗的真谛，在于医生们能找出病人的优点，接受它们，也让病人自己接受自己。……医生们静静地听患者的心声，他们不会以令人反感的道德式的说教来批判任何人。所以，患者敢把自己的一切讲出来，包括他们自己感到羞耻的事与自己的缺点。当他觉得有人能容纳、接受他时，他就会接受自己，有勇气迈向美好的人生大道。"

微笑着接受他人，而不是要求对方做什么都必须符合我们的要求，也不是对方一有什么不让我们满意的话，我们就面带愠色，这便能够让我们身旁的人感到轻松自在，而如果对每个人都能这样，那我们便算是有了亲和力。

亲和力，说到底体现的是一种尊重。每个人都有选择自己生活的权力，我们接受对方的生活方式，也就是对对方的尊重。当一个人处在被尊重的环境中，他自然是会更自在的。而在社交场合中，若你能够给人营造这种舒适的环境，那你必定是会拥有良好的人际关系的。

在某个网站上曾经展示过这样两张照片，照片的内容非常相似，是不同电视台播放的同一类综艺节目，在这两个综艺节目里，制作组都请来了一位患有侏儒症的男士，并让各自的主持人对他进行访谈。

在前一张照片里面，这位患有侏儒症的嘉宾坐在地上，而主持人则坐在他身边高高的凳子上，一脸莫名优越感的表情，那位嘉宾仰视着他，显得非常不舒服。

而在后一张照片里，情况变了，此时的嘉宾还是坐在地上，但主持人也坐到了地上，他平视着嘉宾，脸上露出关切和专注的表情，显然在仔细听嘉宾说些什么。

这两位主持人谁的水平高我们不讨论，仅从两人的表现来看，我们不得不说后者是强于前者的。侏儒症是一种先天性疾病，即便看着不舒服，但对方已经出现在面前了，就应该表现出对对方的尊重。以一种高高在上的优越姿态来对待对方，这无疑是很不妥当的，而且也会给对方一种压迫的感觉，这样的节目是肯定做不好的。相反，把身段放下来，用积极的态度让对方感觉到被尊重，那么彼此之间的关系就显得亲切了很多，这样一来，节目自然也就会进展很顺利了。

我们每个人都希望得到别人衷心的拥戴，我们都希望能够与他人进行心与心的沟通，而亲和力则是保证这一点的一个重要因素。我们还要知道，培养良好的亲和力，这不但有益于走进别人的内心，还有益于我们自我性情的培养，因为一个待人亲和的人，其对待人生的态度也一定会是积极的。

一千个人身上有一千种特质，而对于每个人来说，最理想的特质就莫过于在权势之外更增添亲和力了。有些人之所以人缘会特别好，即使是第一次与人交往，就特别吸引人，讨人喜欢，正是因为他有强大的亲和力，能让别人愉悦地接受和走近他们。

习惯 ⑬

做一个有人情味的人

美国社会最讲究的是独立和自由，人与人之间互不干涉，互相尊重对方。但是，独立和尊重在某种程度上或多或少使得我们少了一些人情味。

艾森·拉塞尔在他的一本书中强调，制度对于管理的重要意义是毋庸置疑的，但是在制度之外，如果没有必要的人际关系作为保障，那么制度也是很难贯彻执行的。艾森·拉塞尔的话绝非虚言，以制度最严苛的军队来作为例子，一支对长官有着强烈的个人爱戴的部队，其战斗力要远比那些对自己长官憎恶的军队的战斗力要强。

在管理上，不会有这种纪律式的上下级关系，所以作为管理者想要获得下属的信服，就必须得到下属的爱戴，而想要得到下属的爱戴，至少要让自己拥有人情味。

美国天琴电子电视公司总裁亚当·利维创业的初期，在资金严重不足的情况下，为了研究一种新的显像管，曾雇用了国内首屈一指的著名物理学家、电子扫描管的发现人罗森博士。罗森博士平常行事非常低调，而且待人温和，但是对于利维，他不止一次地夸赞这个年轻人有远见，工作有魄力，而且还三番五次地表明对他平常体贴关怀学者的作风更为欣赏。其实，之所以罗森教授会有此想法，正是源于罗森自己的一次亲身经历。

原来罗森虽为堂堂物理学家，却很怕黑夜、打雷。有一天夜里，风声大作，雷雨交加，房屋停电，到处漆黑一片。吓得直发抖的罗森在床上缩成一团，利维冒雨跑进罗森博士的居室将他抱住，并小声安慰他。雷雨一夜未停，利维也陪他整整一夜。从发生这件事起，在利维需要他的时候，不管条件有多艰苦，罗森都会主动跑去为他效力。利维这种富有人情味的举动，深深打动了罗森，所以让罗森能够全心全意帮助利维渡过难关。

我们知道，在人与人的交往中，感情是最重要的因素，无论是朋友还是同事，感情永远是将他们联系在一起的纽带，是他们相互间建立其良好关系的润滑剂。因为，想要与他人建立起一种稳定的关系，感情是不可忽视的重要因素。

那么为何有些人认识到了感情的重要性却无法实现目的呢？那是因为他们只是将相互之间感情的构建停留在了话语和表面功夫上面，要知道光会说一些漂亮话是不够的，还要配合实际行动，在一些细节上不失时机地显示你对他人的关心和体贴，这才是真正的有人情味。

感情纽带之所以稳固在一定程度上也是由于构建起来的时间非常漫长，就比如我们用三个月想建成一座立交桥，那么你这桥估计也就只能用三个月。很多人正是忽略了一点，忘记了"罗马不是一天建成的"。在平时没有一丝一毫的人情味，到了关键时刻却埋怨别人对自己不够情分。

要知道，真正的感情投资是不可急于一时的，毕竟人与人之间的理解与信赖需要一个过程，如果仅仅是在需要他人对你奉献时才临时抱佛脚，或者一点小恩小惠就总是希望他人感恩戴德，那无疑是陷入了不合理思维当中。

所以，让自己有人情味，我们必须要先对人情味有一个正确的认识，明白对他人的感情付出应该是一贯的，有持续性的，而不能只做表面文章或只保持三分钟热度。很多的感情投资是需要一段相当漫长的时间才能体现出成效的。因此，在日常的交往中，我们就尽量不要错过任何与他人联络感情的机会，将感情渗透在每一天每一个地方，这样长时间下去，取得的效果却可能是惊人的。

罗曼克林公司的新经理彼得是一个非常有人情味的人，该公司的销售人员卡洛斯说："我刚来这里工作两天时，我哥哥要举办婚礼，我不得不请假。没有想到，公司批准我休一周，而且是带薪休假。"

技术人员德怀特的妻子临产了，彼得知道了这件事就立即给他放了假，让他能有足够的时间陪着妻子，对此德怀特非常感动，他说："我从没有遇到过彼得先生这样的领导，要是在其他公司，我请这么长时间的假，不会得到任何薪水，而且很可能因此而失业。"正是由于彼得的这种做法，他在半年时间内就改变了罗曼林克公司一盘散沙的状况，提升了公司的凝聚力。

我们都知道，人是有感情的动物，当一个人感觉到别人友善的态度时，他会报之以同样的友善。所以，在与人交往的过程中，让我们自身富有人情味，这会帮助我们打动他人，获得他人同样有人情味的回报。那么，如何让他人感觉到我们有人情味呢？我们可以从以下三个方面入手：

第一，用"真诚的情感"作为构建友谊的桥梁。

"以情动人"之"情"是发自肺腑，出自内心的，是真诚实意的。它源自人性中最温情的一面，是人与人之间真挚情感的自然流露，能够给人一种爱与关怀的感受，有着感染他人的魅力和温暖人心的力量，进而催生信任和亲近。

在与人相处时，"真诚"无疑是敲开对方心门的最好方式，因为他们和善的天性与"真诚"是相辅相成的。当这两者同时在不同的人身上发挥出来时，便能促成和谐的产生。因此，真诚地回应他人的温和，更能打动他们的内心，换来彼此的心灵相通。

安娜的性格沉稳低调，在公司不管对谁都十分温和，因此与上司和同事都相处得很好。有一次，安娜因为生病住院而请了一周的假。上司不仅买了礼物亲自去探望，并且对她说："平时你在的时候感觉不出来你做了多少贡献，现在没有你在岗上，就感觉工作没了头绪、慌了手脚。安心养病，大家都盼着你早日康复呢！"一句话就让安娜感到心里暖融融的，而身体康复之后，安娜对工作也更加努力了。

第二，拥有"同舟共济"的义气精神。

在一起相处时，大家同舟共济，共同的命运把彼此联结在了一起，只要采取合作态度，互相支持、互相帮助、互相关照，是最容易产生感情认同的。特别是在困难环境中，彼此相依为命、共渡难关，这份深厚的情谊可能终生难忘，交情将更为牢固。

要知道，很多人都是知道感恩的，如果我们在与他们交往时，能够做到真心相待，同心协力，那么这种付出真心的友好方式，一定能够博得他们的好感，甚至与他人建立起莫逆之交。

第三，适当的"宽容"让你人情味倍增。

人都有犯错误的时候，如果我们总是对他人的错误抓着不放，这无疑是没有人情味的表现。而一个有人情味的人，必然懂得如何去宽容别人。

谷歌公司的创始人之一谢尔盖·布林在一次偶然中发现，公司的员工会在工作中同时做很多与工作无关的事情，甚至有些员工放着交给他们的工作不做，每天拖拖拉拉，却经常趁人不备的时候去玩网络游戏，这一几乎所有公司领导者都面对过的问题让谢尔盖陷入了深思，他在思考员工这么做的内在原因。

经过一段深思熟虑之后，谢尔盖并未像很多领导者做的那样对员工开展教育并加强监控，而是在公司内出台了一项新规定，即每个员工都可以在办公时间内拿出30%的时间做自己喜欢的事情，无论它与工作有没有关系，但前提是这些事情必须是自己喜欢的，不能为其他公司做兼职，而且还要把自己平时做的有意思的事情用书面的报告方式呈报给管理层。

这一规定刚一出台时，谷歌的管理层都觉得匪夷所思，但很快他们就看到了这项规定所带来的效果，员工的工作效率变高了，在工作中出现失误的几率也大大减少了，不仅如此，根据对这些员工个人爱好的总结，谷歌还研发出了多款新的搜索功能，为公司带来了丰厚的收益。

在与他人沟通的时候，我们要用自己最为感性的一面去打动对方，这样才能顺利地进驻他们柔软的内心，成功地将他们吸引。人情是我们最感性的武器，让自己充满人情味，慢慢你就会发现，自己的人缘变得越来越好了。

亲和力是无形的魅力

麦肯锡团队的第一位员工，也是第一位合伙人安德鲁·科尔尼曾经提出过一个理论：沟通的能力=管理的能力+亲和的能力。和詹姆斯·麦肯锡一样，科尔尼也生活在20世纪初期，在当时那个尚且不重视工人权益的年代，能够提出这样的观点，可见科尔尼的远见性。

当然，我们可以说科尔尼这个观点并不是为了工人提出的，但是，无论如何，科尔尼给我们带来了一个启示，那就是个人的态度与沟通的效果是成正比的。

细致的观察有益于更好地沟通，而亲和力对于沟通的重要性，自然是不言而喻。

亲和力，简单来说就是一个人容易接近的程度。一个人的亲和力越高，他就越容易被人接近。一个人是否容易接近，直接关系到他人是否愿意与之进行真诚的沟通。对于一个冷若冰霜、拒人于千里之外的人，除非是被强迫，否则是没有人愿意与之进行交流的。

而拥有亲和力的人则不同，因为他容易接近，所以也就容易获得他人真诚的交往。在沟通的时候，他人也就愿意以真实的信息交付于他。从这个角度讲，亲和力甚至可以被看作一种特殊的魅力。

每个人从里到外都有着不同的"味道"，有的人每日穿金戴银来显示自己的高雅，有的人衣着简单朴素却显得清新淡雅。其实，无论你怎样装饰自己，只要你拥有干净的外表，温柔的亲和力、良好的素质修养，都能吸引到更多的人。

很多时候，良好的亲和力给我们带来的种种好处，不仅使我们获得更多的友情，感受到人与人之间的关爱与温暖，还使我们获得更多的人际资源，让我们获得意想不到的好前途和机会。这，便是亲和力所带给一个人的魅力。

1964年，68岁高龄的土光敏夫就任东芝董事长，他经常不带秘书，独自一人巡视工厂，遍访东芝散设在日本各地的三十多家企业。身为一家公司的董事长，亲自步行到工厂已经非同小可，更妙的是他常常提着一瓶日本清酒去慰劳员工，跟他们共饮。这让员工们大吃一惊，有点不知所措，又有点受宠若惊的感觉。没有人会想到一位身为大公司董事长的人，会亲自提着笨重的清酒来跟他们一起喝。因此工人们赞赏地称赞他为"捏着酒瓶子的大老板"。

土光敏夫平易近人的低姿态使他和职工建立了深厚的感情。即使是星期天，他也会到工厂转转，与保卫人员和值班人员亲切交谈。他曾经说过："我非常喜欢和我的职工交往，无论哪种人，我都喜欢和他交谈，因为从中我可能听到许多创造性的语言，获得巨大收益。"的确，通过对基层群众的直接调查，不仅获得了宝贵的第一手资料，而且弄清了企业亏损的种种原因，还获得了许多有价值的建议，更重要的是赢得了员工的好感和信任。

我们生活在这个世界上，每天都必须要与人打交道，无论你所从事的是什么类型的工作，良好的人际沟通能力都是通向我们事业成功的桥梁。一个具有良好人际亲和能力的人在工作中会有很好的人缘，也容易得到同事的支持和鼓励。

来自麦肯锡团队的顾问蒂齐亚纳·卡夏罗和索萨·洛沃曾经分析了多种职场关系，得出结论是：大多数人宁愿与讨人喜欢的傻瓜一起工作，也不想和有本事的讨厌鬼共事。卡夏罗强调说："员工有问题总愿意找他们觉得可亲的人帮忙，即使这个人的水平不高。"

卡夏罗和洛沃曾经做过这样一项实验，他们挑选同一个公司的两个团队作为实验对象，然后从公司的高层挑选两个领导，这两位领导之前与这两个团队分别没有任何交集，团队的成员对于他们的领导也没有任何印象。

在实验中，两个团队分别进行一场篮球友谊赛，领导A作为裁判出现在比赛当中。此后，在进行第二场友谊赛的时候，领导B作为一方队员出现在比赛当中。在比赛结束之后，卡夏罗和洛沃要求参加实验的团队成员对两位领导分别打分，打分的结果显示，员工们对于领导A的印象远远没有领导B的好。

卡夏罗和洛沃用这个实验证明了，一个领导越容易被接近，就越容易获得下属们的信赖和拥护。

由此可见，具备良好的人际沟通和亲和力，才是良好关系形成的源头。因为亲和力不仅能够让我们获得更多的友情，而且还能让我们感受到人与人之间的关爱和温暖，使得我们获得更多的人际资源。

既然亲和力能让我们招人喜欢，那么我们应该怎样做才能让自己看上去倍感亲切呢？

第一，态度要沉稳和气。

亲和力是一个人无形的魅力。"魅"自何处？在于"亲"与"和"。亲和力主要表现为内在的气质。很多时候，一个笑，一句话，足以让人感觉这人很亲切，很实在，不是那么庸俗，就能让对方产生强烈的信任与信赖。

第二，注意谈话间的语气。

谈话需要有亲和力的支撑，这样才能让话题变得亲切起来。当然，女性尤其要注意说话措辞，一定要注意语言的魅力。

第三，不迷信自己的个人魅力。

过于相信自己就是迷信自己，他们不仅回避和抵制批评，甚至不能容忍任何不同意见的存在。他们内心世界的大门永远是封闭的，与任何人都保持情感上的距离。其实，没有人永远是对的，不如敞开心扉去接纳别人的观点，同时也接纳别人，这样别人才会接纳你。

第四，保持良好轻松的心情。

保持一份轻松的心情，会让你周身的气场变得更加柔和，也让与你接触的人感觉到你的魅力。如果你总是烦躁不安，即便你懂得亲和原则，别人也不会去靠近你的。因为只有当你随时都有愉快的心情时，才能有良好的人际亲和力。

第五，经常与他人打成一片。

在与他人一起活动的过程中，最能够实现感情的互动。了解到他人的需求，加深和他人的感情，这些都有益于让你获得良好的亲和力。

总而言之，亲和力是一个人无形的魅力，在与人交往和沟通的过程中，亲和力可以成为我们获得他人信任的筹码。而拥有亲和力的人，就等于是获得了打开大多数人心灵的钥匙，只要能够正确地运用亲和力，那么我们一定能够在人际交往中取胜，在与人沟通的时候获得我们想要的东西。

习惯 ⑮

一个拥抱胜过千言万语

在与人沟通的时候，我们要怎样表达我们真挚的感情呢？美国人喜欢用拥抱来表达，这其实是很有道理的。拥抱是一个十分真诚且善意的行为，在与人沟通的时候，一个拥抱往往能够胜过千言万语。

其实，拥抱不仅仅是人类的特殊语言，动物也很喜欢用拥抱来表达感情。2005年1月至2006年9月间，利物浦约翰·穆尔斯大学一个研究小组对切斯特动物园里面的黑猩猩进行了长达20个月的观察，结果他们发现，"黑猩猩经常会做出友好动作，安慰在争斗中受挫的同伴。"

研究小组负责人，约翰·穆尔斯大学人类进化与古生态学研究中心专家奥莱斯·弗雷泽说："黑猩猩通常用拥抱和亲吻方式安慰对方。安慰的一方用单臂或双臂抱住被安慰的一方，或者张大嘴贴近被安慰一方的身体，通常是头顶或后背。动物间的这些安慰能产生积极效果。"

以拥抱来表示安抚和关怀，看来已经成为一种世界通用的肢体语言。我们以拥抱彼此的身体来传递感情，对于沟通来说，是最有趣也是最有效的手段之一。不论是亲朋好友之间，还是同事之间，在表达受挫后的鼓励，喜悦时的兴奋等方式时，几乎都离不开拥抱。

其实很多时候，一个简单的拥抱，所能传达的感情是无法言传的，其中包括了当事人全心全意的爱意、呵护、接纳、支持与包容。拥抱有时远胜过千言万语，当然更胜过数不清的唠叨与批评。可以说，一个拥抱远远胜于十句安慰的话。

索萨·洛沃说，"拥抱是一种不含有戒备心和攻击性的行动，当做出拥抱的表示时，人会张开双臂，让胸膛对着对方，在动物界这是一个将自己最柔弱的地方展示出来的方式，因而，当一个人向我们敞开胸膛时，我们就应该知道，他已经从心底里接纳我们了。"

拥抱对于沟通的重要意义，主要在感情的传递，而非信息的传递。我们用拥抱传递我们对对方的关怀，我们也可以通过拥抱获得对方的善意，这种真诚的交流对于信息的沟通本身虽然没有意义，却能够为之后的信息沟通打下感情基础。

所以，任何人都不应该吝惜自己的拥抱，如果对方需要，那就去拥抱他们吧。在一部电影中，曾经发起自由运动的可爱流浪者就说过这样一句让人感触及深的话："拥抱是最温柔的安慰。"而一位作家也曾经说过："拥抱的感觉真好，那是肉体的安慰，尘世的奖赏。"这些话，都给予了拥抱最高的赞赏和荣誉，可见拥抱的力量所在。

在现代心理学中，心理学家也同样非常确切地给出了人们拥抱的四种作用：

第一，消除沮丧。

如果发现有人闷闷不乐时，与其言语安慰，不如先默默地靠近，给他一个温暖的拥抱。面对这样的关心和爱护，即便心有再多的委屈和不快，他也会对你说个清楚。

第二，消除疲劳。

拥抱有一个暗示便是依靠，当两个人拥抱在一起的时候，互相会给对方一个可以依靠的心理暗示。这种心理暗示会让彼此感到放松，进而缓解身心的疲劳。所以，在疲惫的时候给人一个真诚的拥抱，这很能拉近彼此之间的关系。

第三，增强勇气。

人在压力下往往会很烦躁，情绪失控时会失去奋斗的勇气，甚至产生放手逃避的情绪。此时，拥抱又具有了支持的含义。当我们拥抱他人时，他会得到一种来自于我们的支持，把我们当作坚强的后盾，进而鼓足勇气继续面对困难。

第四，注入活力。

瞬间的拥抱能为倦怠的躯体注入新生命，使人们变得更年轻，更有活力。所以经常拥抱他人，会让我们彼此都充满对生活的向往，让我们变得更加积极。

英国有句谚语里说过："每天需要3个拥抱才能活下去，另外3个拥抱才能神采焕发。"那些经常拥抱的人要比普通人的心理素质要高得多。因为拥抱使得人们之间的关系更加亲密，而且还使得彼此之间的情谊更加浓厚和深刻。

拥抱是彼此之间最亲密的肢体语言，它比我们说出的话更能直达对方内心，而且更能让人感动。它简单而又明确地表达着人与人之间最真的关爱，并且还能消除沮丧，增强勇气。

那么缺少拥抱会对我们造成什么样的影响呢？我们可以从实际生活中看到，一些在小时候极少得到拥抱的孩子长大后会形成一种渴望被爱、被关心的心理特质，而那些在小时候就一直都能享受到拥抱的孩子，他们长大后会对自己所获得的爱感到满足，而且他自身的自信心以及勇气都十分充足。

在现代竞争激烈的社会，人与人之间的防备和疏远，使我们在有压力的时候无法得到安慰。但实际上，每个人内心都有着需要支持、关爱和安慰的一面，因此，学会给身边深爱的亲人、朋友拥抱，并且在需要的时候向他们寻求拥抱，是帮助我们面对孤单和压力的有效方式。

所以，请读者试着用拥抱传递你的问候和关怀。当朋友开心的时候，去抱抱他们，让他们知道我们也同样的开心，并且鼓励他们能将这种开心一直延续下去；当朋友伤感的时候，去抱抱他们，用我们身上的温暖去驱赶他们心中的严寒，用肢体上的鼓励去让他们再次振作起来。这样你的真诚不仅能打动对方，而且还能让彼此之间的关系更加紧密。

我们与人沟通，获得信息上的互补是一方面，获得情感上的传递是另一方面，我们不能仅仅看到一方面而忽略其他，当我们进行沟通时，哪怕认为情感的沟通是多余的，也不能够认为无用而忽略掉，须知，情感是信息沟通的基础，没有真挚的情感，我们凭什么与人进行有效的沟通呢？

沟通更具针对性

——观察对方的习惯

在沟通时我们不仅要观察对方的个性，

还要通过对方的"身体语言"

观察对方的心理，

在了解了对方的个性之后，

还能够掌握他即时的心理，

这自然会给我们的沟通带来很大的便利。

习惯 ⑯
辨别不同类型的沟通对象

　　我们总是希望掌握可以"毕其功于一役"的沟通技巧，渴望能够学会一套方法，应用到所有的沟通对象身上。然而，即便是非常重视沟通能力的麦肯锡顾问，也没有这样的一套技巧，这是因为，这个世界不是由同样的人组成的。

　　不同的人有不同的性格、心理、知识构成、经历和个人好恶，面对同样的问题，面对同样的话，不同的人也会有不同的反应。所以，在与人沟通的时候，我们才要养成观察对方的习惯，而在观察对方的时候，辨别不同类型的沟通对象则是一切的前提。

　　丽贝卡·法兰姬是麦肯锡欧洲事务部门的一个咨询顾问，她的工作主要是帮助客户建立谈判策略、帮助客户培训谈判代表。法兰姬一个重要的理念是，无论是怎么样的谈判，都不要以自我为中心，要根据对方的不同而选择不同的谈判策略。

　　法兰姬帮助某德国企业制定与中国某企业的谈判方案，在方案中，法兰姬强调了中国人与德国人的不同。德国人是非常严谨，甚至有些呆板的民族，在对问题的把握上灵活性不够，而中国人则是非常灵活的民族，他们不喜欢那种冷冰冰的谈判方式，如果所有的谈判都按照德国人的意图展开，那么中国的代表将肯定会很不适应。所以，法兰姬为客户挑选了一位有在中国留学经历的德国人，并将谈判中的条款全部上浮了一定的范畴，以便可以在谈判过程中做出适当"合理"的让步，而且法兰姬向顾客强调，一定要让中国代表来制定谈判的时间，因为他们往往不会太守时，这可能会让德国人不快。

法兰姬的策略兼顾了德国人和中国人性格的不同，正是在她这套策略下，谈判展开得非常顺利。法兰姬是一个优秀的谈判顾问，与此同时，她本身也是一个优秀的谈判专家。只要是法兰姬接到的咨询意向，她基本上都可以拿到最终的顾问工作，这也是因为她总是能够根据客户的不同，灵活调整谈判的方式。由此可见，辨别不同类型的沟通对象，这确实是一个十分"有钱途"的才能。

分辨不同类型的沟通对象，最大的帮助就是可以避免沟通中触及对方的"痛点"。所谓"痛点"，就是指让对方难以接受的行为和言论。

譬如，你在与客户沟通时，话里话外表现的是一种对自己的自信，但客户本身是一个比较谦恭的人，不喜欢吹嘘自己，那么你就是触到了他的"痛点"。

这个世界上没有人没有"痛点"，这些"痛点"可能来自于性格、心理、好恶甚至于经历。一个长期生活在纽约的人，你向他抱怨纽约人的冷漠，这无疑是不恰当的，因为在他看来，这种冷漠体现的是人的互相尊重。

当然，因为个人的经历以及好恶往往是个人隐私，这一点我们无从判断，所以，我们在辨别不同类型的沟通对象的时候，要侧重的是分析他们的性格和心理。

分析性格并不是一件多么困难的事情，只要接触过两次以上，我们基本上都可以从一个人的言谈举止中分析出他有什么样的性格。而根据不同人的性格，我们再试图进行不同的沟通。

拜恩是麦肯锡学院走出的一名市场专员，他曾在麦肯锡学院上过一些课程，在那之后，他来到了内华达一家企业做了一名推销员。因为销售业绩出色，在短短两年时间里，他便先后被提升为销售经理、分区经理以及市场部经理。

拜恩出色的业绩源于他能够根据不同的人总结出不同的沟通技巧，在最初做销售的半年时间里，拜恩把它对于沟通的理解总结了出来：

有的客户是比较死板的，这样的客户不喜欢销售员太过于灵活，他们无论是在生活上还是在工作上都喜欢按规矩办事，是什么就是什么。不需要玩得太过于灵活，把形式走好了生意就走好了。

有的客户是比较随和的，这样的客户不喜欢销售在向他们推销产品的时候，语言行动上表现得太过于拘谨，销售员表现得自然些就可以了。

有的客户比较专断，这样的客户不喜欢销售太过于强势，因为自己已经很强势了，销售如果再强势的话，就显得自己太过于懦弱了。

有的客户就很精明，这样的客户比较喜欢占点小便宜，这个时候你只需要表现得心不甘情不愿，这个比较精明的客户自然就喜欢和你成交，因为能够占便宜的事，不喜欢的那就是傻子。

有的客户比较内敛，这样的客户喜欢和别人拉开一定的距离，不太喜欢太过热情，销售如果这个时候表现得太过亲密无间，只会让客户把你推得更远。

还有的客户爱挑毛病，对于产品比较挑剔，这样的客户往往是想利用产品的缺点让你降价，销售只要让客户挑不出毛病就可以了。

如果客户对于他们要买的东西表现得极其不果断，在买与不买之间犹豫不决，这时候就需要销售自己为客户做出决定。

如果客户是比较喜欢新潮的，那么销售就要帮着客户树立个性，让客户感觉到你所推荐的就是比较流行的；有的客户是比较爱慕虚荣的，这个时候的销售就需要在推销产品的时候向客户表明产品的品牌，以及购买的消费人群，销售如果在言语里表露出产品的简朴与实用，那么对于这类热爱虚荣的客户来说就行不通了。

拜恩经常说的一句话是"顾客不是工厂里生产出来的"，所以，没有针对所有顾客都一样管用的沟通策略，最好的沟通策略就是不断变化你的策略，当然，变化的前提是适应客户的个性。

在个性之外，则是对沟通对象心理的判断。不同的人，在面对同一件事的时候会表现出不同的心理，这种心理看似无迹可寻，但如果我们仔细观察的话就会发现，人的心理是可以通过一些肢体和表情表现出来的。

因此，在沟通时我们不仅仅要观察对方的个性，还要通过对方的"身体语言"观察对方的心理，在了解了对方的个性之后，还能够掌握他即时的心理，这自然会给我们的沟通带来很大的便利。

习惯 ⑰

根据说话特点判断个性

为了保证沟通过程中的友善，我们可以改变自己固有的沟通方式，让自己变得彬彬有礼、热情体贴，让沟通氛围更加融洽。

但很多人是无法像我们一样的，在与他们沟通的时候，我们会发现他们的沟通方式尤其是说话的方式是非常个人化、情绪化的，而这也就给我们了解他们提供了一个窗口。

作为谈判专家，法兰姬是一个非常善于观察沟通对象的人，她会从一个人的说话方式上判断出这个人有怎样的性格，进而制定出相应的沟通策略。

当有人怀疑法兰姬的理论时，法兰姬就会举两个非常著名的人物作为例子，英王乔治五世和美国总统约翰·肯尼迪。

乔治五世国王是一个严重的口吃患者，他说话总是结结巴巴，声音也非常的小，在说话的时候，他不喜欢直视对方的眼睛，总看着对方领口以下的地方。而约翰·肯尼迪总统则是一个语速非常快的人，他声音洪亮，吐字清晰，说话的时候会用坚毅的眼神望着前方，他至今仍然保持着英文演讲的记录。

从性格上说，肯尼迪总统是一个勇敢的人，他有强烈的主观意识，喜欢以自我为中心，喜欢处于强势的地位。而乔治五世国王则是一个相当腼腆的人，他性格中有很多的阴郁成分，这可能与他生长的环境有很大的关系——他父亲乔治四世国王对他太过严厉了。

不同的性格可以从说话的方式上体现出来，这并不是一个多么难以理解的事实。科学家经过研究发现，人脑中控制语言的区域同样控制着人的性格，因此将语言与性格联系起来，就是一件理所应当的事情了。

从简单的表面情况来看，语速快的人性格中自我的成分占得比较多。因为在说话的时候，他们不会考虑我们的感受，过快的语速使得我们必须要集中精力去听他们的每一个字，否则会错过了某一个片段。如果是在辩论的时候，对方的语速快会让我们无法插嘴，言辞之厉让我们无法招架。

不过从另一个方面来说，语速快的人的思维往往是较为直接的，他们个性中勇气、果断、直来直去的因素比较大，因此面对语速快的人有一个好处，我们不用担心他语言背后隐藏着什么，因为他们就是喜欢"有什么说什么"。

语速慢的人则完全是另外一种样子。有些人语速过慢，当然，他们的语速慢并非是因为口吃，而是喜欢以一种慢语速来跟我们交谈。在与他们交谈的时候，我们无从判断他们下一句话会说什么，他们喜欢我们与之讨论，甚至不介意我们插话。

但是，从另外一个角度看，语速慢的人往往是比较固执的，虽然他们允许别人插嘴和讨论，却很难被说服。他们性格上面的不确定性很严重，他们的话语中总是会隐藏着什么，他们不会直接把他们的意思告诉我们，而需要我们去揣测。

有些人说话语速正常，但肢体语言非常丰富，而且喜欢加上手势，这样一来，他的话就显得生动多了，很容易把大家的情绪都调动起来。

有这样说话习惯的人，往往性格比较外向，他们喜欢与别人分享自己的观点，同样也渴望得到别人的观点。但与此同时，这些人性格上冲动的成分比较大，在讨论问题的时候比较激动，很容易陷入到极端的情绪当中去。

除了上述表面的行为之外，有些人在说话的时候还会有一些特定的习惯，这些也可以帮助我们认识到他们的个性。譬如说有些人在说话的时候会带有一些特定的"词汇",这在一定程度上就是个性的体现。

形成口头特定词汇的原因有两种,一是人情感积累的结果。譬如,一个满腔热情的年轻人真挚地投入到工作当中,希望能够为单位做点贡献,却发觉自己越是干活,越是受到冷遇,反而是那些溜须拍马整天钻营的人受到领导的重视,这样慢慢他就会把"人不为己,天诛地灭"这样的话挂在嘴边上了。由此可见,当一个人多次遇到同样的情况后,积累效应就会在他平时的话语中得到体现,因此就形成了口头的特定词汇。

第二种原因是宣泄情感。比如我们看到很多人喜欢把"郁闷""纠结"这样的词挂在嘴上,但他其实是没有什么事情好纠结和郁闷的。之所以这样说不过是因为现代人生活节奏快,生活压力大,人心浮躁,因此需要通过这样的特定词汇来倒倒苦水,让心理有一个舒缓、宣泄的通道。

口头的特定词汇大致可以分为六种,根据这六种词汇,我们便可以分析出六种拥有不同个性的人。

第一,经常把"说真的""老实说""不骗你""的确""肯定的"这样的话挂在嘴边的人。这类人有一种担心对方误解自己的心理,性格有些急躁,内心常有不平。他会十分在意对方对自己所陈述事件的评价,所以一再强调事情的真实性,更多希望的是自己在团体中可以被认可,并得到很多朋友的信赖。

第二,以"听说""据说""听人讲"这样的话为口头特定词汇的人。此类人之所以会把这些词语放在嘴边,是想给自己的话留些余地的,怕弄到后来不好收场。这种人的见识虽广,决断力却不够,很多处事圆滑的人,易用此类语言。在办事过程中,他们会为自己时刻准备着台阶,有时也会被很矛盾的心理困扰。

第三,经常说"应该""必须""必定会""一定要"的人。这类人普遍自信,做起事来总是能够很理智,为人冷静。他们自认为能够将对方说服,令对方相信。另一方面,"应该"说得过多时,反表现出其有动摇的心理,长期担任领导职务的人,易有此类口头语。

第四，经常说"可能是吧""或许是吧""大概是吧"的人。这种人，自我防卫意识甚强，不会将内心的想法轻易地暴露在别人面前。在处事待人方面很冷静，所以工作和人事关系都不错，此类口语也有以退为进的含义。

第五，经常说转折词语，诸如"但是""不过"的人。这类人多少会有些任性，因此总是提出一个"但是"来为自己辩解，"但是"并不是为了解释什么，而是为保护自己而使用的。这类转折的词语比较委婉、没有断然的意味，这也显示了这类人温和的特点。从事公共关系的人常有这类口头词汇，因为它的委婉意味，不致令人有冷淡感。

第六，说话中经常带"啊""呀""这个""那个""嗯"这种间顿词的人。常是词汇少，或是思维慢，在说话时利用间歇的方法而形成使用这类口头语的习惯。因此，有这种口头语的人，反应是较迟钝或是比较有城府的。

无论是说话的语速还是语言的选择，所反映出的都是说话人的内心，对于这些信息，我们要勤于观察，并做出合理性的分析。在与人交流的过程中，多掌握一些这类的信息，便能多了解一些对方的个性，给交流的顺畅多增加一分保障。

习惯 ⑱
谈话者惯用的肢体语言

当一个人坐在你的面前侃侃而谈时，他的全身都会跟着情绪的起伏而波动，此时，你应该学会从他的肢体语言中分析他的"言外之意"，看看他的身体都揭露了怎样的秘密给你。

门德斯在圣何塞开了一家咨询公司，这位前麦肯锡顾问这样说自己与客户沟通的过程："当我和客户在办公桌前交流时，我会有意地在他的面前摆放几件东西，然后观察他是怎么把玩这些东西的。"

门德斯的桌子前面有一门模型小炮，现在，这门炮的炮口已经被擦得雪亮了。"每当客户拿着这门炮不断抚摸它的炮口时，我就知道，他的内心是比较渴望的，此时如果我提出什么要求，他多半是会答应的。"

事实上，就是靠着这种发现对方肢体语言的能力，门德斯在谈判中总是能够无往不利。当然，他也有过失败的经历，那是面对一个公关公司的女经理，对方有30年的HR工作经历，比他还善于通过肢体语言与人交流，最终门德斯被她给看透了。

肢体语言对于交流的帮助，主要在于它能够透露谈话者的情绪和心理，因而，在麦肯锡的沟通习惯当中，解读对方的肢体语言也是非常重要的一环。

肢体语言从广义的角度上讲，应该包括所有的身体动作，但是在交流的过程中，长时间将目光停留在对方的腰部以下毕竟是不礼貌的行为。因此，麦肯锡强调主要观察对方头部和上肢，尤其是手。

头部是人所有语言和行为的主导，因为头部的动作往往是先于语言、表情和动作而发的，而且头部的动作又总会是下意识的，因此头部所得到的信息应该是最为准确的。

不过我所谓的准确是要在充分了解头部动作的含义，对头部动作进行了细致的观察之后做出分析，而不是凭感觉的想当然。比如我们大多的时候都会将摇头看作否定而将点头看作肯定，但事实却并非如此。

德国的心理研究机构曾经做过一项实验，他们随机抽取100名志愿者，让他们全部戴上立体声耳机。在戴上耳机之后，他们要求一半学生在听录音的时候，每一秒钟点一次头，另一半学生听录音的时候每一秒钟摇一次头。接着，他们便播放了一段内容为要求增加纳税的录音。

在录音放完之后，他们对这100名志愿者进行了统计，统计的结果显示：摇头那组志愿者的感觉是，摇头使他们对自己心中原有的反对意见产生了怀疑，反而不那么强烈地反对增加税收了。

这个实验向我们证明了，人在点头的时候并不一定是同意别人，而是进一步加强自己原先的想法，摇头反之。所以当看到一个人不停在点头时，不要误以为他是同意你的看法，可能他只是在敷衍你。而当一个人对你摇头时，他也未必会最终拒绝你，他可能正在检验自己的想法是否正确。

除了摇头和点头之外，人的头部还是会做出很多下意识的动作供我们观察，下面我们就列举一下头部可能出现的动作，并介绍它可能代表着的情绪和心理。

第一种，头部猛然上扬紧接着立即回复平常：头部上扬一般代表着内心的惊讶，这个动作在陌生人中间尤其容易出现。但如果是在相对熟悉的人中间，则多是表示做动作的人突然明白了某事物的含义，是猛然醒悟的表现。

第二种，头部后仰：这种行为是骄傲和傲慢的表现，比如我们经常形容一个人鼻孔朝天、不拿正眼瞧人就是这个动作使然。一个人会把头部向后仰，其情绪变化包括从沾沾自喜、自命不凡演化到自认优越的变化，更甚者，这种动作还体现出一种挑衅的态度。

第三种，头部向前伸并朝向感兴趣的方向：这个动作表示的意思有截然相反的两个方面，其中之一表示心中满怀爱慕之意，比如朋友、亲人或恋人之间，伸长脖子并神情专注地凝视对方的眼睛；其次也可以表示满怀怒意，比如敌人之间为了表示不惧怕对方或者藐视对方的怒目而视。

第四种，头部歪斜：这个动作多半表示舒适、放松的意思。头部歪斜最早是源自孩子小的时候喜欢将头部靠在母亲的身上舒适地依偎，因此当一个成年人自然而然地将头部歪向一边时，就表示这个人的心理已经得到了极度的放松，情绪非常稳定，在这种情况下，沟通一般都可以非常顺利地进行。

第五种，头部略微垂下呈低头的姿态：这个姿势一般都反映出内心的不安和自卑，它所表现的信息是屈居人下，一个事业或者感情上出现失败的人往往会有如此的姿势，被打击后情绪消极或者长期处于自卑情绪中的人也是如此。

在头部之外，手部的肢体语言也很丰富。在情绪和心理发生变化的时候，人总会不自觉地将它们体现在手上，通过一些小动作和手势表露出来，下面我们就介绍几种常见的手势和其背后所带有的信息。

第一种，尖塔式手势：这个手势的具体做法是双手的手指张开，然后双手指尖并拢，不过十指不能交叉，手掌不能互相接触，这样就形成了一个塔形，因此称之为"尖塔式手势"。

尖塔式手势在沟通时一般多出现在强势的一方，比如说倾听下属汇报的老板，因此可以说尖塔式手势是最具气势的一种动作，而对于做手势的人来说又是自信力的充分显示。

在与人交流的过程中，如果对方做出尖塔式的手势，我们就可以清楚地判断出他对某件事情持有肯定的看法。比如，在法庭上，证人在强调某项证词的时候总会不自觉地摆出尖塔式的，用以证明他们对自己所说内容的高度肯定。

第二种，双手不动：美国的研究者们经过调查发现，与那些说真话的人相比，撒谎的人通常会尽量避免各种手势和身体接触，因此他们在表述自己的观点时经常会将手固定地放在膝盖等部位不动。

这种行为是因何产生的呢？主要是人的身体受大脑的控制，当一个人将精力全部放在编织谎言以骗取他人的信任时，大脑就会不自觉地放弃掉对其他身体部分的指挥；而且出于对谎言被拆穿的恐惧，人也会尽量减少不必要的动作，以防露出马脚。

我们经常看到一个人在谋求他人的信任和支持时总会用各种手臂和面部动作加以强调，尽力确认对方能听懂他们的讲述。因此当我们面对一个手脚木然的人时，我们就要仔细分析一下他的话中是否有漏洞了。

第三种，十指交叉紧扣：这种手势多是代表着紧张和压抑，因为十指紧扣在全世界所有民族中都是一种安慰和照顾的姿势。孩子在恐惧的时候，母亲会采用这一姿势让孩子感到安全和舒适，恋人在吵架结束之后也会用这一姿势表达理解和爱恋。因此当一个人的左右手做出如此的手势时，我们几乎就可以认定他正处于极度的不安和压抑中，需要他人的安慰和帮助。

第四种，不停地搓手：搓手也是一种非常常见的手势，一般都表示行为者内心的焦急和渴望，这一般是处于怀疑或低度压力状态下人们下意识的一种状态，比如约定好了的人对方许久都不来，向对方解释某事着急得到对方的信任。

不可否认的是，无论是头部的动作还是手部的动作，大多是人下意识的反应。然而如果有一些人长时间观察自己的下意识反应，然后在行为上改正它，则会给我们的判断带来一定的迷惑性。

因此，在与他人交流的时候，要区分对方的肢体语言是否自然，如果并不自然，那么就很可能是他人故意为之，此时我们就要提高警惕了，否则的话，就很可能像门德斯一样，成了被人观察的对象。

嘴部动作反映对方的情绪

人与人的沟通最普遍的方式是谈话，但在谈话中有一个重要的问题存在，那就是谈话传递信息的效率并不高，我们可以回想一下，在与人沟通之后，我们能够记住多少对方在沟通时说过的话呢？相信不会很多，对方也必然是如此。

而且，谈话当中还有一个重要的问题存在，那就是谎言。即便是再诚信的沟通，我们也无法避免谎言的出现，谎言大大降低了话语的质量，让我们通过谈话来分析对方的个性变得更加困难。

不过有趣的是，谈话虽然不能表露人的个性，但谈话时的一个器官——嘴的动作，却可能会做到这一点。

嘴的动作通常是一个人下意识的举动，在由嘴表达感情时，当事人经常并不自知。因此，在与人谈话的时候，我们要养成观察对方嘴部动作的习惯，这对于发现一些不明了的信息是非常有帮助的。

譬如，有些人想要说某些话，但又没有开口，陷入反复的踟蹰、犹豫中。那么我们怎么知道别人有这样的心理呢？这就是观察对方嘴唇的结果。一般来说，当人有话要说的时候，嘴唇都会微微张开并前突，也就是微微有些噘嘴，如果我们看到对方出现微微的�‍嘟嘴，然后紧接着又咬牙收了回去，将嘴唇用力地合上，那我们就知道他陷入到了矛盾的心理当中。

嘴唇能够反映出来的信息很多，它不止能够反映出一个人处在矛盾中，还能反映出人对某件事的态度和当前的精神状态。

比如很多人在遇到麻烦的时候会下意识地紧闭双唇，因此在与人交流中，表现正常的对方如果一再有紧闭嘴唇的情况出现，那就说明他遇到了某些问题，而在你的面前故作没事，想掩盖什么。

出自麦肯锡的谈判专家法兰姬曾说过自己的经历：在一次为某轮船公司提供的咨询服务中，对于交谈对象嘴唇动作的研究给了她很大的帮助。

法兰姬的客户要与一家大型跨国公司洽谈一笔船舶交易的买卖，专门找到她让她观察在双方谈判过程中对方的情况。法兰姬建议自己的客户将合同事项一条条列明，然后一项一项向前推进，尽量把问题细化。这样，可以方便她近距离地观察对方公司的谈判人员，从而获得所有可能对雇主有帮助的非语言信息。

在开始之后，法兰姬就将全部的精力放在了观察双方在逐条审核合同内容时的一举一动上面。慢慢地，她发现了一个重要的信息，那就是，当客户方念出合同的某一条款时——涉及一项价值几百万美元的建筑工程——这家跨国公司的首席谈判代表缩紧了他的嘴唇，很明显，这说明这一条内容不合他的胃口。

在此时，法兰姬给了客户一张纸条，警示他们合同的这一条款有争议或有问题，应该趁大家都在的时候再仔细核查或讨论一番。于是，谈判双方就这一问题进行了反复推敲，最终结果是，客户节省了上千万美元。

一般来说，嘴唇是思维的下意识延续，嘴唇的突然紧闭代表着不悦、嘴角的微微上扬代表着得意和轻蔑、而嘴角突然下沉则代表着愤怒，如果对方真的出现嘴角下沉的状况，那么你就要考虑一下是否闭嘴听听对方的意见了。

嘴唇除了可以判断对方对某件事情的看法，也同样可以判定他的精神状态。比如嘴唇的挤压甚至消失代表着对方处于强大的压力当中。有专家专门对很多被起诉者进行过研究，发现那些真正的罪犯在法庭上回答问题时都会下意识地咬紧嘴唇，仿佛是大脑在告诉他们闭上嘴巴，不要说出任何不利于自己的话，也不让任何东西进入他们的身体。当然，这并不表示做这一动作的人存在某种欺骗行为，只能说明他们当时压力很大。

嘴唇缩拢则表示为不同意见，注意观察一下，在你或他人说话时有没有人会突然做出缩拢嘴唇的动作。如果有，说明这个人不同意现在所讲的内容，或是他正在酝酿着转换另一个话题。了解这一信息，有助于我们继续自己的描述、调试自己的提议或主导一段谈话。

还是那项研究，这名专家发现嘴唇缩拢这种动作在审讯中时有发生，不过并不是出现在嫌疑人身上，而是出现在双方的律师身上。当一方律师陈述时，另一方律师常常会缩拢嘴唇以表示意见不同。法官如果不同意律师陈述，也会做出这样的动作。

嘴唇是语言的延续，甚至于很多时候嘴唇的表现要比语言还要准确、真实，学好对对方嘴唇的观察，能够帮助我们了解对方的态度和情绪，甚至看出对方说的是真话还是谎言。

当然，嘴部的动作还不仅仅只有嘴唇可以体现，在说话的时候，人与嘴部相关的动作还有很多，而这些动作不仅仅能够让我们观察到一个人的情绪，还能够帮助我们判断一个人的个性。

达尔文曾经指出，嘴唇能够反映出人的内心，比如撅起嘴巴表示否定，而以手掩嘴则是一种吃惊的姿势，一个人在说出话后突然地以手掩口，则暴露出一种由自我怀疑到完全说谎的情绪。

法兰姬发扬了达尔文的思想，并深入地进行了对嘴部动作的研究。她曾经发表过一些关于嘴部动作与情绪、心理的研究资料，在研究资料中法兰姬列举了不同的嘴部动作所代表的情绪与心理活动。

法兰姬指出，如果一个人在说话的时候经常舔舐嘴唇，这说明他是正在压抑着因兴奋或紧张所造成的内心波动。

如果一个人说话时下意识地以手掩口，则说明他对旁边的人存有戒心，或者是想掩饰些什么。

如果在交流中一个人嘴唇的两端稍稍有些向后，这表明他正在注意听人说话，对别人的言谈极有兴趣。

如果一个人的嘴角下拉，则表示着他在忍受和坚持什么，那很可能就是别人的话并不能让他满意，或者触动了他哪根神经。

噘着的嘴唇表达不满，紧闭双唇表示无声的抗议，一个人在吃惊的时候嘴会略呈O型，而如果特别惊讶或者特别开心，他的嘴唇则会完全张开。

人的嘴唇往前撇的时候，表明他对接收到的外界信息持不相信的态度，或者是希望能够得到对方肯定的答复。

嘴巴抿成一字形也是个常见的情形，此情形一般表示此人正在作某项重大决定，或者遇到了非常棘手的问题一时想不出解决的办法。频繁出现这个动作的人一般都是比较坚强的，他们有战胜困难的信心和勇气，并且做事喜欢深思熟虑，下决定绝不草率，因此获得成功的几率也会比较大。

在沟通的时候，如果一个人喜欢用牙齿咬着嘴唇或者双唇紧闭。这表明他正在聆听对方的谈话，同时在心中仔细揣摩话中的含义。这样的人一般都有很强的分析能力，遇事虽然不能非常迅速地作出判断，但是决定一经作出，往往义无反顾。

平时喜欢上挑嘴角的人，一般都很机智聪明，他们性格外向、能言善辩，善于和陌生人主动打招呼，并进行亲切的交谈。因为嘴角上挑是一个标准的微笑表情，因此经常保持这个表情的人一般都比较有亲和力，他们大多会有不错的人际关系。

总而言之，在交流的过程中，嘴部的动作可能是语言的延续或者补充，但在反馈信息方面，它却是可以独自成为一个系统的，甚至要比语言更加准确，因此我们一定不要轻视对它的观察。

习惯 ⑳

分辨多种多样的笑声

　　亚伦·皮斯是一位给麦肯锡团队提供理论支持的社会学家，他对于人在交流的时候某些下意识的动作有很多研究。在皮斯发表的一项有关微笑的研究的文章中，他举了这样一个例子：

　　康华瑞注视着酒吧里的人们，扫视了一周后他的目光停留在一位魅力十足的金发女人的身上。而此时，对方似乎也正微笑着望着他。

　　康华瑞按捺不住心中的激情，他毫不迟疑，立刻起身，走进屋内，与这名女子攀谈起来。女子的话并不多，不过，她依然微笑着注视着他，因此，康华瑞虽然觉得无趣，但仍然继续着他的谈话。

　　这时，康华瑞的一位女性朋友从他身旁经过，悄声对他说，"算了吧，康尼（康华瑞的昵称）……在这个女人眼里，你就是个笨蛋。"听闻此言，康华瑞顿时呆立在当场，"可是，"他辩解道，"她为什么还总是向我微笑呢？"

　　亚伦·皮斯通过这个例子提出了一个观点，那就是笑容的背后所隐藏的信息是多种多样的，并不是所有的笑容都是友好、同意的代名词，因此在没有很好地弄清对方笑容的真实含义就盲目地下结论的话，是很容易造成误会的。

为了能够在与人沟通的时候给对方留下美好的印象，我们都会尽量露出自己"灿烂的笑脸"。因为从人的本性来说，笑会在对方心里产生积极正面的效应，让彼此之间的感情变得融洽。

但是，皮斯的调查结果却告诉我们，人的笑容背后会有很多含义。分析出笑容背后的含义，这对于我们与人沟通当然是非常有利的。当然，虽然误解了别人的笑容也不会出现太大的麻烦，但对于长时间浸染在商业领域的麦肯锡顾问们来说，能够多掌握一分对方的信息，便给沟通的成功多增添了一些筹码。

那么，笑容的背后都有怎样不同的含义呢？皮斯告诉我们，这要从分清笑容的种类开始。根据人的面部表情和神态，笑容可以大致分为含笑、微笑、淡笑、大笑、狂笑、苦笑和讪笑。而对于它们分别的含义，皮斯则给予了相应的说明。

第一种，含笑，它是一种适用范围非常广的笑容，其特点就是程度非常浅，几乎没有笑声，只是面含笑意，含笑主要是用来表示一种友善，多用于陌生人或者不太熟悉的人之间，因此并没有实质的含义。

第二种，微笑，它的笑容程度会比含笑较深，具体特征是面部已有了明显变化，唇部向上移动，略呈弧形，但牙齿不会外露。它是一种典型的自得其乐、充实满足、知心会意、表示友好的笑。在人际交往中，其适应范围最广。

第三种，淡笑，这种笑在程度上以轻微笑为主。它的主要特点，是面容上有了进一步的变化，能够让人明显看出笑意。淡笑更多的时候表示一种欣喜、愉快，多用于喜庆场合会见亲友、向熟人打招呼。

第四种，大笑，大笑是一种程度比较深的笑，其特点就是不光有笑容，而且还有笑声伴随，一般大笑者都会把嘴张开，并伴之以丰富的表情变化。大笑多是心中欢愉，表现在脸上，因此多出现在开心时刻。

第五种，狂笑，狂笑是程度上最深的笑。它的特点是面容变化甚大，嘴巴张开，牙齿全部露出，上下齿分开，笑声连续不断，肢体动作很大，往往笑得前仰后合，手舞足蹈，泪水直流，上气不接下气。它出现在极度快乐之时，一般不大多见。

第六种，苦笑，苦笑从严格的意义上说不算是笑容，它的特点就是发笑者表现出的是一张难看的笑脸，像是自嘲一样，自己嘲笑自己，想给别人安慰，就像自己不在乎导致苦笑的那件事。

第七种，讪笑，讪笑也不是一种真的笑容，这种笑的特点就是只有笑声没有笑容，发笑着只是为了敷衍对方或者给对方一个台阶，打开尴尬的局面。

当然，皮斯也强调，笑容的种类很多，远不止上面介绍的七种。而且即使是同一种笑容在不同的时间和地点所含有的意义也是不同的，因此想要真正了解他人笑容背后的含义，还必须对实际问题进行不断的分析，在经验的总结中得到提高。

一般来说，笑是表达人内心喜悦的一种表情，但并非所有的笑容都是喜悦的、友善的、美好的，有很多笑不仅不美好，还很邪恶，这类笑都不是真的发自内心的笑容，而是应付局面的假笑。

发自内心的笑容能够给人如沐春风的感觉，而假笑在给人带来愉悦的背后却总暗藏着一些"杀机"，因此在与人交往的过程中一定要认清对方的笑容是真心还是假意。

真笑和假笑虽然都是笑容，但其实还是有着比较多的区别的，只要我们认真观察，是能够分辨出真笑与假笑的。

真笑和假笑最大的区别就在于眼睛，因此你想知道对方的笑容是否真诚，首先就应该观察他的眼睛，看一看对方在笑的时候眼角是否有"鱼尾纹"。

发自内心的笑容不仅会使双唇后扯，嘴角上提，而且还会同时带动眼部周围肌肉的收缩，这样自然就会让人的眼睛四周产生细细的"鱼尾纹"，而敷衍或虚假的笑容则只能引起双唇四周肌肉的收缩，因此在一张不真诚的笑脸上，细纹只会出现在嘴的四周，而眼角却表现得"波澜不惊"。为了更深一步分析真笑与假笑，皮斯研究了一套被称为脸部动作编码的系统。

通过这个系统，皮斯得出了一套经验：发自内心的笑容是一种下意识的面部动作，是不受大脑控制的。这就意味着真笑是肌肉自主运动的结果，当一个人感到快乐的时候，这一信号便会传送至大脑调控情感的区域，产生出一种舒心愉悦的情感。这种情感会使人的嘴部肌肉收缩，双唇微咧，面颊提升，同时眼部也会因为肌肉的收缩而产生细纹，眉毛也随之微微下沉，就这样，产生了会心的笑容。

不过皮斯也指出，在一些富有"演技"的人身上，他们夸张的假笑有时也会在眼睛周围出现细纹。这是因为人的颧肌肌肉群的完全收缩可以导致眼轮匝肌的收缩，当颧骨处的肌肉收缩至一团时，眼部四周会因为颧肌的挤压而产生细纹，看起来就像是真笑。

我们都拍过照片，在拍照片的时候，摄影师都会让我们念一些单词，这些单词的发音可以使颧肌肌肉群收缩，达到微笑的效果。但是当照片拿到我们手里的时候，我还是一眼能够看出照片里的自己笑得并不真诚，这是因为距离的原因，不过我们不能总是离开很远去观察他人的笑容，在这种情况下，我们就需要借助一些其他的面部特征了。

当我们发自内心地面露笑容时，眉毛与眼睑之间的部分眼皮会向下移动，而眉毛的末梢也会随之微微下沉，如果有这种特征，我们就可以认定对方的笑容是真诚的，如果没有，那么我们就可以认定他是在假笑。

当然技术层面上的分析并不是人人都可以掌握的，在这种情况下我们还可以通过另一种方法来辨别笑容的真伪，这就是根据周围的人对彼此的感觉，观察他们打招呼的方式。比如，我们知道你的一位朋友喜欢A而不喜欢B，那么当三个人同时出现在一个场合时，你就可以通过观察这位朋友在面对这两个人时的表情，找出这两种笑的区别。

　　笑容固然好，但也容易使人迷惑，而一旦掌握了鉴别笑容真伪的手段，你便能酌情处理与交流对象的关系。你可以通过观察对方脸上的笑容，思考对方对你的想法和态度。如果对方是真笑就收下这份感情，如果对方是假笑就要对他提高警惕。

了解不同的音色

对于一个人来说，如何发音不仅仅是口腔结构的问题，更是一种心理的问题。人的声音是具有很浓烈的感情色彩的，也就是说，人在用声音向外界传递信息的时候，不仅仅是语言在起作用，音量、语速、音节长短，这一样是一种表达，只不过它表达的是一种情绪。

对于表达情绪的声音，科学家统一将它们称为音色。音色是能够承载个人感情的，关于这一点，从动物那里就可以得到证实。法兰姬对于音色也有了解，她认为，人音色的变化就代表着情绪的变化，这一点就和动物是一样的。猴子在寻求配偶的时候，会用高亢有力的音色发出声音，而在受到威胁的时候，则会让声音变得尖锐刺耳。

不同的音色会表达不同的情绪，也会给人不同的感受。譬如当我们听到一种语调奇怪的称赞时，我们就能够听出，这种语调的背后一定不是正常的称赞，而是一种讽刺和嫉妒。因此，法兰姬在与人交流的时候，对于音色的观察也是她掌握他人心理和情绪的方法之一。

"音色是人情绪的表现，但是对于一些经常处于某种情绪或心理上的人来说，他们的音色会被逐渐固定住，尽管他们在与人沟通的时候会极力地掩盖掉自己音色上表露出的性格缺陷，但只要注意观察，人们仍然能够听出他正常的音色应该是怎样的。"法兰姬这样说道。

从法兰姬的话中我们能够明白，音色是一个人性格的习惯表露，而无论一个人怎么样掩饰自己，也无法让已经成为习惯的性格湮灭掉，所以，只要注意倾听对方极力隐藏的音色，我们就能够看出他是一个什么样的人来。

法兰姬说："他的音色如何？他又为什么要掩饰？他想要留给他人一个什么样的印象？当遇到一些试图掩盖自己正常音色的人时，我们先要问自己这样的问题。"

某位女性检察官正在为竞选州议员而努力进行选战，她在四十天之内走遍了全州五十几个县，发表了八十多次公开的演讲，并经常在电视上与竞选对手展开辩论。她试图给选民营造一种"草根代言人"的印象，为此她让自己的声音变得轻柔起来，说话时的表情和姿态都尽显对人的关怀，在她低下头安慰一个刚刚失去了一只小狗的小女孩时，她的声音和话语感动了在场的所有人。

然而，这位温柔的女检察官最后还是败给了对手，原因是她虽然故作"草根"，但是选民们还是能够从她的话语中感觉到她的傲慢。

不错，这位检察官确实是一个性格傲慢的人，她从小出生在富豪之家，父亲、祖父乃至于曾祖父都是很有名望的富商。她从小学开始便就读于有名的贵族学校，因为面容姣好，整个学生时代一直是社交圈的红人。到了大学时候，她被全美知名的耶鲁大学录取，在校四年，她不仅仅是学院老师的宠儿，还是学生会的领袖。

在从耶鲁毕业之后，她旋即被一个著名的律师事务所录取，在任期间她曾经为十几项案件进行辩护和法律援助，这些案件没有一次落败过。在任职检察官的四年时间里，她将上百名罪犯送进了监狱。除此之外，在生活上她还有个颇有名望的丈夫和两个可爱的孩子。

这个检察官的生活可以说是一帆风顺，这也就让她渐渐有了一种"不知人间疾苦"的傲慢，她喜欢用自己的思维去衡量别人，因为她是一位成功的女性，所以她会觉得自己高别人一头，这种傲慢在她的性格中已经根深蒂固了。

当然，这位检察官明白自己的傲慢对于竞选是一个致命伤，因此她聘请了著名的公关公司为自己策划，公关公司给她制定了很多"亲民"的策略，包括参加义务劳动，为社区妇女开展帮助活动。公关公司还特别提醒她，一定要在语言和行为上根除傲慢，让她表现得更加平易近人。这位检察官确实是如此做的，但是，音色最终还是"出卖"了她。

在她说话的时候，她的声音总是会在不经意间透露出一丝的讽刺和疑问的色彩，她虽然努力让自己的声音变得温柔，在音调上却往往体现的是一种莫名其妙的升调，尤其是在她关怀别人的时候，那种莫名其妙的升调让人听起来就像是对谁在进行施舍。于是，选民们明白了，这位女候选人是一个优秀的检察官，同时也是一个傲慢的女性。

音色总是会在不经意间暴露人们的真实性格，因此当我们想要了解某人时，我们就可以从他的音色入手，倾听她在潜意识当中传递给我们的信息。那么，究竟何种音色代表了什么样的性格呢？下面是法兰姬为我们举的几个典型例子：

当一个人的音色中含有较为短促和决绝的音调时，往往会给人一种紧迫感，这样的人多是比较自负的，他们的自我意识比较强烈，性格当中固执、自以为是的成分会比较多一些。这类人往往缺乏耐性，无论对于自己还是对于他人，都不能够很好地表示关怀和体谅，他们更不会轻易接受他人的意见和建议，往往是较为自私的。

当一个人的音色中常有一些较为绵长而又低沉的音调时，这说明他的性格当中忧郁的成分比较大。这类人往往有较强的自卑或自怨情绪，他们的心理承受能力不会太强，对于挫折和失败往往没有太好的办法。这类人的性格也是比较自我的，但他们这种自我往往体现在对自己的责备上面，他们性格比较消极，往往是比较被动的人。

有些人音色低沉但粗犷，这类人的性格往往较为现实，做事时会表现得比较谨慎，与人相处的时候，也能够体谅他人。

有些人音色高亢但并不尖锐。这样的人往往是比较爽朗、外向的，他们性格当中乐观的成分会比较大。在交往的时候，他们往往能够成为最好的朋友。

有些人的音色洪亮而尖锐。这类人往往精力充沛，但性格当中有很大的不确定性，他们这种尖锐的音调表现出来的是他们不善于表达问题，对于如何分辨这些人的性格，是有很大难度的。

有些人音色含糊，喜欢在说话时清喉咙，他们往往是比较容易紧张的人，情绪容易受外部事物的影响，而且这种紧张的情绪会导致他们不自信，因为从性格上来说，他们本身就是一些不那么勇敢的人。

就像法兰姬说的那样，音色是人掩盖不了的信息，即便一个人再怎样伪装自己，只要他一开口说话，我们就能够从音色中判断出他的性格。因此，对于我们与人沟通而言，了解音色、分辨音色是一个不错的手段，对此我们一定要多加掌握。

习惯 22

运用好眼神交流

在与人沟通的时候，语言是我们传递信息的主要手段。除了语言之外，如果我们还需要用其他手段传递一些信息，就必须通过肢体语言。

在肢体语言当中，最复杂的并不是手语，也不是动作，而是眼神的交流。眼神交流有很多好处，首先它具有很大程度的隐蔽性，两个足够默契的人，只要一个眼神就能够明白对方所要表达的意思，而不用担心被第三个人获知。

其次，眼神交流具有意会性，有些话我们不知该如何说出口，或者用语言无法表达得准确，此时用一个眼神来进行交流就可以规避这个问题。譬如，当某个朋友遭到指责，而我们又无法替他开脱时，投之以一个带有同情和抱歉的眼神，就能够让朋友体会到我们的意思。而如果用语言来表达，就只能说："我知道你现在很难过，我为此感到抱歉，但我也没有办法张口为你说话，请你谅解，因为错误毕竟是因为你引起的。"这番话既冗长又无味，更关键的是，还无法准确表达我们想要表达的意思。所以，有的时候，眼神交流会在沟通中起到更大的作用。

为什么眼神会有如此大的作用呢？这是由于眼神是直接反映人的心理活动的，一个人的心理活动的变化是很容易在眼神上得到反映的，比如一个人愤怒的时候，他的瞳孔会放大，眼神也会变得锐利，就是所谓的怒目圆睁。一个人愉悦的时候，他的眼神就会变得充满光芒，并带着浓浓的笑意。

由此可见，在与人沟通的时候，眼神可以带给我们两方面的好处。一是观察并分析他人的眼神，能够帮助我们得到更多的信息。另一个是通过眼神的交流，可以帮助我们传递某些信息。

首先说眼神的交流，法兰姬认为，人们常用的眼神交流共有五种方法，分别是接纳法、恋视法、回视法、传意法和调节法。

接纳法指的是一种情感上的接纳，当别人注视我们的时候，我们以含有友情的眼神对视着他，这就代表了一种接纳。反之，当我们面无反应或回避他人的视线时，别人就知道我们是在拒绝他了。

恋视法指的是当我们长时间地以温柔友善、并含有深长意味的目光注视着他人时，代表着一种眷恋和欣赏，如果他人也以同样的目光注视我们，那么就说明彼此之间有进一步交往的可能。

回视法指在我们转身的时候，回过头来对人注视。在告别之际，一步三回头或边走边回头，表示了留恋和诚挚友爱。

传意法指的是用眼神传递某些特殊的含义。比如当我们想要表达抱歉时，我们以包含歉意的眼神注视对方带有愠色的眼神，然后立即转移，就能够表示出"对不起，我不是故意的"。当我们想要表达拒绝的意思时，最好对人以深深而坚定的一瞥，这个意思就是"我不喜欢这样"。

调节法指用眼神来调节谈话，在谈话要结束的时候，我们用一种带有询问的眼神望望对方的眼睛，这表示疑问或询问"我说得对吗？"如果对方还之以微笑或点头，是表示赞成，如果没有表情或目光暗淡，那说明对方可能持有不同意见。

在我们学会了用眼神向他人传递信息之后，我们还应该掌握如何从眼神中捕捉信息，尤其是那些他人不想表露出来的信息。法兰姬说："对眼神中观察来的信息往往是最正确的，因为一个人可以巧妙编织他的语言，可以伪装他的表情，却无法掩盖他眼神中流露出的真意。"那么，到底什么样的眼神又带有怎样的意思呢？法兰姬为我们做了如下的分析：

首先，一个整体的眼神由目光、着眼点和眼神的转动组成，其中目光是指人眼睛的光芒，但我们知道眼睛是不会放光的，那么目光就是指他人的眼睛给我们的感觉；着眼点就是指人注视的终点；眼神的转动则是指人在交流中眼神转动的频率。通过对这三者的观察，我们就可以大致归纳一个人的眼神属于什么类型了。

比如一个人的目光沉稳，着眼点单一，眼睛转动得慢，那么他的眼神就属于沉静型。拥有这种眼神的人一般都非常老成，如果是在交谈中对方表露了这种眼神，那么就说明对于交谈的内容他已经胸有成竹。

如果一个人的目光逡巡，着眼点分散，眼睛转动得快，那么他的眼神就属于离散型。拥有这种眼神的人一般都比较浮躁，如果在交流之前对方就表露出这种眼神，那么就说明对方一定是有事发生或者是想向你求助。

如果一个人的目光凶恶，仿佛里面有刺一样，那么说明他此时的境况不佳，心情可能非常糟糕，多半是胸中充满了愤怒。在交流之前如果对方有这样的眼神出现，那你说话就要十分谨慎了，以免一不小心触碰了对方的痛脚。

如果一个人的目光阴沉，着眼点极其单一，眼睛几乎不转，那么你就要加倍小心了。因为这是凶狠的信号，在沟通之前如果对方有如此的眼神出现，那么你有什么话最好还是选择速战速决的好，以免产生不必要的矛盾。

如果一个人的目光恬静，注视什么东西都一晃而过，那么就说明对方正处于愉悦的情绪当中。如果在交流之前对方表现了此类眼神，那么你在提出自己的观点前先对他说几句恭维夸赞的话往往是可以取得不错的效果的。

如果一个人的目光显得非常诡异，总是将着眼点放在你的身上，那么就说明他正在思考你。具有此类眼神的人不是有求于你就是想对你要什么阴谋诡计，因此在交流之前如果对方表现出如此的眼神，那么你就要格外的小心了，要认真分析他的每一句话，而且千万不可以轻信他或者答应他什么。

如果一个人的目光非常呆滞，眼睛几乎不转，那说明他是心有重忧，正处于万分苦痛中。和这样的人交流时你切不要向他说自己的得意事，因为那样会刺激他的神经，加重他的苦痛，在此时，你最好的方法是说些安慰的话，并且从速告退，省得说多了自讨没趣。

　　如果一个人的目光表现得非常得意，着眼点上扬，那就是说明他现在正处于骄傲当中，这时无论你说什么他也是不屑听你的话的，因此在交流前如果对方表现出有如此的眼神，那么你就应该明白和他多说无益，应该尽量采用敷衍的方式结束。

　　眼神所能传达的信息量非常之大，因此眼神的种类就不一而足，绝不是上述几项就能全部涵盖的，但只要我们在日常生活中注意观察、仔细分析，是必然能够找到其中的规律的，并捕捉到别人想要隐藏的信息。

赞美对方不易为人知的优点

在与人沟通的时候，赞美是一个十分有效的手段，赞美他人能够获得他人的好感，如果你把话说到了对方的开心之处，让对方因为你的赞美而感到快乐，那么必然会让沟通的效果变得更好。

然而，赞美不是任何时候都有用的，尤其是当一个人听惯了别人的赞美之后，你的赞美就成了锦上添花，似乎就不会再有那么大的魔力。比如，你对一位已被公认是很漂亮的女孩子说"你真漂亮"，往往难以让她觉得意外与兴奋，因为这样的话她听得多了。那么该怎样才能让自己的赞美重新拥有无穷的力量呢？

赞美对方不易为人知的优点就是让赞美重新获得魔力的重要方法。比如，对一个事业有成的女人来说，如果你经常夸她有能力、有才干，她几乎每天都听到这样的赞美，你再怎么费力地赞美她，她也不会觉得有什么特别。但如果你对她说："你的眼睛非常迷人，你不论坐着、站着还是走路的时候，都是风度翩翩。"相信她一定会喜上眉梢，认为你是一个很有眼光的人。

因此说，赞美的制胜法宝就是赞美对方不易为人知的优点，只有找到每个人最渴望被人赞美、被人欣赏的点，然后把这一点无限放大，巧妙地加以赞美，势必能轻易收服人心。

比如，当一个人很有兴趣地谈到他的专长，或他所取得的成绩，或他所开展某项业务的辉煌时，你适时地提出与之相关的要求，在这样的时刻，他拒绝你的可能性最小，你的要求得到满足的成功率最大，这是经过心理学家及社会学家的实验所证明的。当你有求于人时，就去赞美他，吹捧他，营造一个合适的氛围，使你的需求得到最大可能和最大程度的满足。

拜恩是一个非常善于赞美他人的人，这种才能仍然来自于他对沟通对象的观察。在与客户进行沟通的时候，拜恩会特意地观察对方的话语中强调的部分，如果有涉及自己的，那么拜恩就会将话题引向那个方向，然后从那个方向来赞美对方。

譬如，面对一位事业成功的年轻CEO，无论赞美他的精明能干还是年轻有为，都显得十分俗气，不会有多大的效果。因而在交谈时，拜恩会避免这方面的话题，而总是试图寻找别的话题。在交谈时，拜恩注意到，这位年轻的CEO几次提及自己在大学打橄榄球的经历，他强调自己是当时全州大学联赛最好的四分卫。

捕获到这个信息，拜恩非常高兴，于是他便说自己也是一名橄榄球爱好者，并将话题引到了这方面。在交谈时，拜恩几次称赞对方在橄榄球上的成绩，这让对方十分高兴，整个沟通的过程都在一个非常融洽的环境下展开着。

称赞一个人时，与其称赞他最大的优点，不如发现他最不显眼，甚至连他自己也未曾发现的优点。因为他最大的优点已成为他性格中的一部分，在任何人看来都已是不足为奇的了。

如果经常称赞一个人这样的优点，可能会让这个人产生反感；而那些小小的优点，因为从未有人发现或很少有人发现，因此也就弥足珍贵。而你的发现与称赞为对方增添了一份对自己的认识，也增加了一次重新评估自己价值的机会。同时，你不同凡响的观察力还会获得对方的器重。

事实上，世界上没人对别人的赞美无动于衷，只不过有人会赞美他人，有人不会赞美而已。大文豪萧伯纳曾说过："每次有人吹捧我，我都头痛，因为他们捧得不够。"

一天，化妆品推销高手林玫去服装商店找一个卖衣服的朋友，正巧有两个女孩在那里挑选衣服。一个烫着金色卷发，一个披着黑色直发。

金发女孩试穿了几件衣服，最后选中了一件，她朋友对女孩说："您这么漂亮，穿这件衣服肯定漂亮。"金发女孩说："好看什么呀，口子难看死了。"

这时，林玫走了过去，面带笑容地对金发女孩说："这件衣服的领子很漂亮，衬得你的脖子像高贵的公主一样有气质，要是再配上一条项链，那就简直完美极了。"金发女孩很高兴，因为她也是这么想的，黑发女孩在旁边选衣服没有吭声。

林玫拿了一件衣服，对黑发女孩说："其实你可以试一下这件，它特别能衬托出你优美的身材。"黑发女孩也高兴起来了。

"当然，要是你们对脸上肤色再稍微护理一下，会显得气质更加优雅。"三人就开始聊起了美容化妆的话题，这是林玫最擅长和最希望的。当然，后来两人都成了她的忠实顾客。

赞美是件好事，却并非一件简单的事。大多时候，我们送出去的赞美，都是不疼不痒的，效果并不十分明显，因为我们常常赞美一个人身上最容易捕捉到的闪光点，对此他都已经习惯了，不会产生特别的感觉。而会说话的人则能独具慧眼，发现对方身上不易被发现的闪光点，并加以赞美，因此能收到奇效。

当然，找对了可以被赞美的因素，我们的赞美也要注意对策，并非任何赞美都能使对方高兴。所以，要引出对方更多的话题，必须很快看出对方希望怎么被称赞，然后再朝这一方面下手，一举中的——也就是要满足对方的自我。因此，在远未确定对方的喜好前，千万不要随意赞美对方，免得弄巧成拙。

除了在挖掘对方心理的方面下工夫，赞美还需要保证符合实际，如果赞美超出了实际的范围，便成了虚伪的恭维，这反而会让事情变得更糟。

譬如，拜恩赞美那位客户在大学橄榄球上面取得的成就，可以说，"可惜你没有去NFL参加选秀，否则我就能够在电视上看到你了！"，但绝不能说，"我觉得你没有去NFL是橄榄球界的损失，你有改变橄榄球这项运动的能力！"毫无疑问，后一句这样夸张的赞美绝对不会得到对方的好感。

除此之外，我们在赞美他人的时候，还可以注意采用重复赞美的方式。当你赞美了对方后，对方表现出满意的态度时，记得不要就此结束，应适当改变表达方式，再三地赞美同一点。因为仅仅一两次的赞美会被认为是一种奉承，而重复的赞美，可信度就会提高。

总而言之，赞美是一个让声音听起来更悦耳，让沟通变得更顺畅的技巧，掌握这门技巧的关键仍然在于观察沟通的对象。因此说，观察沟通的对象是沟通顺畅的必然条件，毕竟，沟通是两个人的事，而不是一个人对着镜子自言自语。

做好征询与倾听

——"倾听者"的习惯

聪明的倾听者，

不是一个只要有耳朵就能轻易扮演的角色。

为了让自己成为一个聪明的倾听者，

我们必须掌握倾听的原则，

做到认真地、带有感情地、

思维敏捷地去倾听他人的表达。

习惯 ㉔

问题越具体，沟通就越有效

如果你不是坐在酒吧里向酒保倾诉你最近的烦恼，那么对于你而言，将内心的话语传递出去的价值，并不比从他人那里得到的话语更有价值。

换句话说，在与人沟通的时候，你应该侧重于听而并不是说。当然，如果你是一位说服者或者演讲者，你应该掌握话语的主动权，但一般情况下，你掌握主动权应该试图用另一种巧妙的方式，那就是提问。

在麦肯锡人的沟通习惯中，提问是非常重要的一个环节。作为从事咨询工作的精英，麦肯锡人在分析某个问题的时候，他们所要做的第一步必然是搜集资料，而提问就是搜集资料的一个重要来源。

不过，提问是要讲究方式和方法的。提问我们每个人都会，但很多时候，我们却得不到想要的答案，这是因为我们没有掌握提问的方法。

比尔·罗斯是麦肯锡学院走出的一个商务人才，现在任职于GM，他在麦肯锡工作过三年时间，他曾经说过，在麦肯锡的岁月让他学到了很多东西，其中一个重要的技能便是如何去问问题。

比尔·罗斯曾经参加过一次商务谈判，在谈判开始的前一天，双方代表照例要聚在一起做一个彼此的了解，双方有认识的人还要寒暄一番。在比尔的团队里，有一位助理与对方的副代表认识，于是比尔就叫他去打探一下消息，让他至少要问出来对方的谈判团队是如何做决策的。

不一会儿，这位助理回来了，他一脸无奈的样子，耸了耸肩说："比尔，我没有得到你想要的答案，对方什么也没有说！"

"真的什么也没说吗？"比尔问。

"他只跟我说了，这个'很复杂'，其他就没有了。"助理回答说。

"那么你是怎么问他的？"

"我问他，伙计，你们的团队是怎么做决策的呢？"

听完这话，罗斯笑了起来，"你的问题问得太蠢了，如果你是他，遇到这样的问题你会怎么回答呢？你应该问得具体一些，比如'你们团队是用全体投票的方式来做决策的吗？'这样你才能够得到你想要的答案！"

事情就如比尔说的那样，在你问了一个差劲的问题之后，你是不能渴望从这个问题中得到你想要的答案的，即便你的沟通对象是一个诚实的人，他也会因为没有办法回答你而去使用一些模糊的词汇。

譬如，当你问一个人"你们的公司在下一个财年将会采取怎样的财务策略？"你能够得到怎样的回答呢？对方总不会用半天的时间去对你详细阐述他们的财务选择和企业发展吧？因而，为了得到想要的答案，你应该修改一下提问的方式。

"你们的公司在下一个财年将会采取保守的财务政策还是激进的财务政策呢？"如果你这样问的话，你就会得到你想要的答案。

"我们的管理层很看好下一个财年的发展状况，所以我们打算采取激进的财务政策，冒一点风险是发展所必需的！"

对于问问题的人来说，你要尽量让问题具体一些，问的问题越具体，回答的人就会越省力。回答的人越省力，他才有力气和你继续交流下去。如果你的每一个问题都让对方觉得无从回答，那么几个问题之后，你们的交流就会以失败告终了。

具体地问问题，第一个原则是要给对方可以回答的选项。"你喜欢什么样的颜色？"这是一个没有选项的问题，"你喜欢红色、绿色还是蓝色？"这就是一个有选项的问题了。

人的思维都是懒惰的，对于有选项的问题，思维会做出选择，而对于没有选项的问题，思维需要一个思考的过程才能得出答案，而就是这个简短的过程，却会让很多问题最终流产。

具体地问问题，第二个原则是要给自己选好退路。也就是说，对于对方给出的答案，你最好能够接过来进行再次的阐述。这个原则是为了让沟通具有持续性，不会因为某个特定的问题而被打断，让彼此双方陷入尴尬。

譬如，当你问一个人"你们公司在海外有分公司吗？"他回答"没有"，在这之后，你没有办法把话接下去了，所以只好另外再寻找新的话题，于是沟通就被打断了。而如果你把问题变成"你们公司在亚洲有分公司吗？"对方无论回答"有"还是"没有"，你都可以就这个话题继续交谈。

"最近几年，亚洲市场非常繁荣，我觉得你们公司应该考虑开发一下亚洲市场，尤其是中国和印度，这两个国家的发展势头很猛，肯定有很多的机会，你觉得中国的机会多一些还是印度的机会多一些？"

当对方回答"没有"时，上面这段话就可以成为你的应对策略，确保沟通可以持续下去。当然，为自己留好后路的前提是，你必须对自己要说的话有所了解，否则就会出现更加尴尬的局面。

当你问对方"你们公司在亚洲有分公司吗？"他回答说，"我们目前还没有，不过你这样一说反倒让我有些兴趣了，对于开发亚洲市场你有什么建议吗？我相信你对亚洲市场一定是比较了解的吧？"

如果你对自己的问题并不了解，那么当对方这样反问时，你必然是无言以对，这种结果对于沟通将更加不利。

想要让沟通变得顺畅，在沟通的一开始，我们就要尽量避免提出一些似是而非的问题。有些人将那种不确定答案的问题称为开放型问题，开放型问题自然有它的必要，但对于有效沟通，尤其是商务领域的有效沟通，一般还是尽量要避免开放型问题的。

在沟通的时候，我们最好先用一些较为具体的问题，探索出沟通的框架。譬如，用"你觉得你们部门的问题是出在管理上还是结构上？""你觉得预期股权较好还是当下的福利较好？""你喜欢橄榄球还是篮球？""你觉得乔丹和曼宁哪一个对于他们的运动来说更伟大？"用这样的问题，把双方可沟通的范围给摸索出来。

一旦有了范围，你接下来要做的就是让沟通都在这个范围内进行，譬如对方对答"我觉得预期股权还是比较好的！"那么你就明白，当下的福利不是他重视的对象，你便可以让谈话围绕着预期股权展开。

这样一来，你的沟通对象就会发现与你沟通起来越来越顺畅，他会觉得你和他有着惊人的相同见地，你们的话语会越来越投机。但其实，这些都是你的沟通技巧在起作用。

所以，为了保证沟通的有效性，你必须掌握提问题的方式方法，让问题在正确的框架内展开，只有这样，你才能够在沟通中得到你想要的。

习惯 ㉕

重复对方的话

在交流的时候，一个非常重要的技巧可以让你成为一个优秀的沟通对象，那就是重复对方的话。这个技巧听起来似乎非常简单，但在实际运用中，却经常能够起到很好的作用。

莱恩公司的HR经理保利娜曾经在麦肯锡有过简短的工作经历，她在麦肯锡学到了很多与人沟通的知识，在离开麦肯锡之后，她将这种知识运用到了新的工作中，事实证明，对于HR来说，沟通的知识和技巧是最为重要的。

一般来说，企业员工都很不愿意与HR联系在一起，因为只要进入HR办公室，多数时间都不是好事，不是裁员就是降薪，因此HR的工作一直很难做。不过，拥有良好的沟通技巧却让保利娜避免了这些麻烦。在与其他部门的同事进行交流时，保利娜常用的一种沟通技巧就是"重复对方说过的话"，这会帮助她拉近与沟通对象之间的关系，让对方下意识地放松紧张的敌对情绪。

在解决一个员工的调岗问题时，保利娜就应用了这个技巧。那是一位在公司工作了7年的老员工，因为公司要开拓巴西业务，从总公司调去几个人到那边担任要职，其中就有这位老员工。

在保利娜面前，这位老员工有很强的抵触情绪。"为什么是我呢？我的家庭都在这边，我的孩子才刚刚上中学而已！"老员工说道。

"孩子才刚刚上中学，是啊！这真的是很难选择啊！"保利娜说。

"是啊！我真的非常非常不想去巴西！"老员工接着说道。

"非常不想去，是啊！这我很理解你，乔，不过这毕竟是公司决定的事情。不过好在你的孩子已经上中学了，不如这样吧，你先去巴西那边，我再向公司打报告，看有没有合适的人把你替换回来，我尽我最大的努力，一定会让你在一年之内回来，乔。"

"好吧，保利娜，谢谢你的理解，我并不是要为难你！但是，我实在是不想和我的孩子分开！"老员工说道。

"不想和孩子分开，谁不是呢！我一定会帮你做好的，乔！"

本来是HR应该感到抱歉的事情，但最后保利娜却得到了这位老员工的愧疚和感激，这便是懂得如何与人交流的好处。重复他人说过的话，帮助保利娜走入了他人的内心，让对方相信保利娜是真诚的，那么，这一切是怎么做到的呢？

在心理学范畴，这种"重复对方的话语"的技巧被称为"话语反射"，指的是通过语言让对方的情感得到了反射，使对方认为他的语言被重视了，他的意见被人接受了，从而使得他获得一种被理解的满足感。

不过，话语反射并不是单纯地重复对方所说的话就可以了，如果想要取得效果，必须在话语中带有感情。这种技巧在于，注意对方使用的感情词汇，然后重复感情的词汇，只有这样，才是真正做到了"重复反射"。这里，我们所说的"感情词汇"并不是带有感情色彩的单词，而是指最能体现说话人感情的那部分语言。

譬如，一个朋友对你说："上周，我和玛利亚分手了。"这时如果重复感情词汇的话，你只需要重复"分手了？"这三个字就可以了。

一个公司的老总打电话给你说："我们公司成功开发了一款新的产品，未来预期会很好的！我希望你来给我们做一做推广方案！"此时，你正确的"语言发射"应该是："新产品开发成功了！真不错！真的要恭喜您！"而如果你不小心将"语言反射"定为"未来预期会很好！"那么对话就会立即变得奇怪起来。

寻找带有感情的词汇，这是"语言反射"的关键一点，可以说正是这一点决定了你的重复性话语是否有用。宾夕法尼亚州立大学心理学教授埃里克曾经做过一项实验，他选择了150名女大学生，让她们开展重复对方说话效果的测试。

他将这些女大学生分为两组，让她们分别与事先雇用并商量好的女性工作人员进行对话。在对话的过程中，他要求一半的女大学生在发言时注意重复女性工作人员的"感情用语"，而对于另外的女大学生，则要求她们仅仅是重复女性工作人员的话语。

实验结果显示，与后者相比，前半部分女大学生的发言次数要多出将近30%，对于工作人员的好感度也要高出15%。这个实验就为我们证实了感情词汇的重要性。

不过有的读者肯定也会疑惑，如果寻找不到对方的感情词汇，或者并没有鉴别对方感情词汇的能力，难道就无法应用"语言反射"了吗？在这里，有一个更简单的方式，可以帮助我们实现这一点。

我们注意到保利娜在与那位老员工乔对话的时候，在重复对方话语的同时，她还在反复说一个词语——"是啊"。

语言反射的意义在于，让沟通对象感觉到他的语言得到了效果，他的意见得到了重视，那么一句"是啊"同样可以起到这个效果。

为什么"是啊"具有同样的效果呢？因为"是啊"这个词汇有一个约定俗成的含义，那便是肯定。当别人听到"是啊"的回应时，他会在心理有一些微妙的感觉："我所说得非常合理""他和我有相同的感受""他和我是站在一起的"。

像这样的肯定表达，被心理学领域称为"社会性的合理化"，指的是别人获得他人的肯定，使得内心产生一种被支持的感情，让他觉得自己的观点是合理的，进而让他对于支持者抱有强烈的好感。

为了印证这一点，纽约州立大学的心理学家西多尼·希尔雷克曾经做过一个相关的实验。他随机选取了一些实验对象，并将其分为男女混合的三组。

在实验中，他要求实验对象在规定时间内以固定小组的形式进行对话。然后在对话结束后，对同组成员开展问卷调查，调查的内容是相互之间的印象。

实验的结果显示，在对话的过程中，给予对方肯定的倾听者大多得到了较好的评价；而那些经常使用转折性、疑问性语句的人，譬如使用"可是""但是""尽管如此""真的吗""这不可能吧"的人，则大多获得了保守性的评价，受访者说他们觉得这些人"总是持着否定或疑问的态度"。

由此可见，不管沟通的具体情况是怎样的，在最初时给予沟通对象以肯定的态度，这对于拉近彼此之间的感情，尤其是让沟通对象放松紧张的情绪、抛弃抵触情绪，是非常有帮助的。

当然，这种"是啊"的词汇并不是要求我们说谎，如果对方的话语中出现了明显的错误言论，我们当然不用肯定对方，甚至可以反驳对方。不过，先立足于肯定，这总是没有错的。因为即便是你要反驳对方，也必须要获得对方的信任才行。

麦肯锡的顾问们，他们永远给出客户不一样的意见，但在与客户交流的时候，他们也永远不去否定客户所说的话。因为以肯定为前提，它意味着与客户之间已经建立起彼此信任的关系，在这之后，再一步步进行正确的引导也会容易得多。

心理学家认为，无论是"语言投射"还是"社会性的合理化"，都是一种情感上的礼物，它会让对方产生"心理上的报酬"，让对方下意识地就有一种欠你一份情的感觉。

倾听的伟大力量

一个完整的沟通的过程需要分为两个部分，征询是第一个，它能够实现双方信息的交换，让我们从沟通中得到想要的东西，而另一个则是倾听。相对于征询来说，倾听往往是较为被动的选择，但不要因为被动而忽视倾听的作用，实际上，倾听是一种更伟大的力量。

读者应该了解，在一次完整的沟通中，说话的比例和倾听的比例正好是相等的，也就是说，有一个人说话，就必然有一个人在倾听。没有倾听者的沟通是不存在的，因而倾听者这个角色的重要性，对于沟通来说是不可或缺的。那么，倾听能够为我们带来怎样的好处呢？

麦肯锡的顾问们认为，保持在沉默当中的倾听可以给我们带来多方面的好处，它们包括：掩饰我们的缺点；让我们学到新的知识；让我们有机会充分观察对方；让对方感到被尊重。

首先说，逻辑上的错误往往是由语言暴露出来的，而处于沉默状态的倾听，则可以掩饰我们的缺点。譬如，在沟通的时候，我们在某方面的知识储备有限，当别人恰好提及了这方面的知识，此时，你能恰如其分地保持沉默，倾听别人怎么说，就会把自己的无知给隐藏起来。

譬如，当人们在谈话中说到了凯恩斯对战后美国经济发展趋势的影响，然而不幸的是，你对于经济一窍不通。在这种情况下，你选择保持沉默来倾听别人。这样，人家便无法知道你的底细，不知你在这方面究竟是知还是不知。但如果你不是倾听，而非要表达自己的观点，那么只要你一开口，你一定出现错误，因此，最好的办法是始终倾听，这样，倾听就成了保护你的屏障。

同样的，如果你对交谈中所讨论的问题没有经过认真的思考，你还不能发表自己的意见，这时你如果能够保持沉默选择倾听，就可以暂时不表示出你的立场。因为你一旦开始讲话发言，你就必须要有自己的意见，这样一来，你就必然陷入到连自己都不了解的立场中。

保利娜曾经接到了这样一项工作，两位争执得不可开交的部门经理吵到了人事部门来，关于这两个部门经理的对错问题，保利娜是无从评判的。因此，她就静静地坐在桌子背后，倾听两个部门经理在她面前争吵，一言不发地目睹了整个过程。

保利娜非常了解倾听对于自己的保护作用，在工作之外的领域，她也会经常采取倾听的策略。当保利娜想要购买一辆二手车时，她遇到了一个销售能力超强的业务员，他对顾客的一切问题都应付得得心应手。但当时保利娜还没有下定决心，而她知道，无论她提出什么理由拒绝对方，都会被对方反驳。

"可是我现在还没下定决心！"保利娜想，如果自己敢这么说的话，对方一定会说"为什么呢？这辆二手车对于您来说难道不是最好的选择吗？为什么要犹豫呢？犹豫就等于是错过机会啊！您要知道，如果您现在不拿主意买下它，很可能明天它就被放在某个人的车库里了！"想到这里，保利娜都觉得好笑，于是她继续保持着沉默。她明白，她愈是不开口讲话，这个有本事的销售员就越是没有办法。

倾听的第二个伟大作用在于能够从别人那里学到东西。我们获取知识主要依靠四个方面：第一是教师的培训；第二是我们自己的观察；第三是生活和工作的经验；第四是我们对现有知识的发散。

但是，这里还有一种我们在平时容易忽视的方式，那就是倾听。倾听虽然没有上述四种方式常见，但如果善于运用，一样可以给我们带来无数的收获。

我们要懂得一个道理，当我们不停地说话时，我们是在将我们的知识传播出去，而当我们在倾听时，我们则是在获取知识。在倾听的过程中，我们能学到的东西大致说起来有两类：对方可以向我们灌输的东西和对方在无意中表现出来的知识。

不论我们的沟通对象是一个什么样的人，他总会有我们不了解的知识，从每一个人身上获取知识，这便是有些人的成功之处。而且，从倾听中获取的知识，由于它有一个具体的语境，因此和别的方式比起来，更容易在我们的大脑中留下深刻的印象，它甚至可以永久地储藏在我们的思维之中，以供在未来使用。

倾听的第三个作用在于帮助我们观察对方。对方通过语言传递给我们的不只是重要的信息，最重要的是我们能够在倾听中观察他人、研究他人的性格。有一句话叫：谈吐反映着一个人的内心。如果我们能够在倾听的时候观察对方，就能够得出很多关于对方的结论。

要知道，倾听是一种防御的姿态，而表达则是一种进攻的姿态。人处于表达的状态当中，往往会不自觉地表露出本身的个性和情绪。譬如有些人说话逻辑混乱，就代表着他的思维容易受人影响，有些人喜欢夸张，就说明这个人有一些自大的性格。而有些人为了预防别人的观察，往往会降低自己的语速，缓慢地表达。但如果是这样，我们仍然能够看出对方是一个谨慎的、防御性较强的人。

我们要知道，每一个正在表达的人，都在自觉或不自觉地想把自己所知道的事物或知识灌输给我们。因而在任何一种谈话的情形之下，他都想得到我们的反馈。如果我们在这种时候一直保持倾听的状态，那么讲话者便不知道对方对自己所说的话到底有些什么反应。于是他只好继续讲下去，他说的话越多，对方了解他的种种事情的可能性就越大。

倾听的第四个好处是让谈话者感觉被尊重。善用倾听的人应该了解，让他人感到被尊重并不是一件难事，只需让他讲话就可以了。

人是社会性的动物，大多数人都喜欢向他人表达自己，而说话就是最好的表达。因而给予人们快感的最确实有效的方法，就是倾听他们说话。如果我们从一个不善于倾听的人变成了善于倾听的人，我们就会发现，自己的人缘立刻变得好了起来。

当然，在倾听的时候，我们也不能够永远保持沉默的状态，适当的表态，会让倾听变得更加有意义。在倾听的时候，对说话人的语言有所表示，这会让他感觉到自己的话语是有价值的，进而更加觉得自己是被尊重的。

耐心倾听会给对方一个极为有利的影响。假如对方遇到了有关家庭或事业上的问题，为了解决这些问题，他希望能找到一个人来谈谈话时，此时，他所需要的就是一个富有同情和理解力的倾听者。

假设在一次交流活动中，大家都在积极地讨论着某一个问题，而只有你一直保持着沉默的倾听状态。最后，所有人都感觉到被你尊重了。而且更加有趣的是，有人可能会问你："说说你的意见怎么样？"

此时，你的意见未必就比其他任何人高明多少，可是当你说完之后，他们还是会觉得你的意见更加高明，这就是因为你一直保持着倾听状态的缘故，因为你已经在倾听的过程中，综合各方面的意见而得到一个富有说服力的观点。

习惯 ❷⃝

做聪明的倾听者

聪明的倾听者往往会给他人一种被尊重的感觉，关于这一点，我们在之前已经有所提及。那么，如何做才能成为一个聪明的倾听者呢？关于这一点，我们应该详细地再深入探讨。

在麦肯锡的沟通课程中，关于倾听的习惯是由三个原则的，这三个原则可以保证你成为一个聪明的倾听者，它们是：注意表达者；带有感情；思维敏捷。

对于表达者来说，倾听者的毫无反应是不可原谅的，这表现了一种茫然和漠视。在表达者说话的时候，倾听者如果不注意听他的讲话，这对他来说是一种莫大的侮辱，因为倾听者等于在用行为宣告对方，你说的那些东西不值得我浪费精力。

当然，有些倾听者会出现这样的问题并非因为没有礼貌，也许是因为身体的疲倦，让他无法集中注意力去听对方的谈话；也许是表达者所讲的话题无论如何也提不起倾听者的兴趣来；也许是表达者讲话时的态度非常繁冗而让人生厌；也许是在倾听者的思想中还有另外更为重要的一件事情需要考虑⋯⋯

但是，无论有什么样的理由，倾听者都不能让表达者感觉到不受尊重。试想一下，当你刚刚说完一段自认为很精彩的话时，突然身边站起一个人来对你说"请您再重复一遍，我没有听清你说的是什么！"相信你一定无法忍受。因此，请不要让你面前的沟通对象有这种感觉。

然而，有的时候我们无法一下子让别人知道我们是不是在注意听他的讲话，那么最好的做法就是，经常对他的言论说上一些诸如"还真是这样""确实如此"之类的话，以此来表示我们在专心地听着他的话。

需要注意的是，有些"聪明的人"认为自己可以依靠表面上的伪装来将自己的三心二意蒙骗过关，或者拿出自己的一半心思来对付别人，那么可以肯定的是，这种伪装是应付不了多长时间的，因此表达者迟早都会将他所感兴趣的话题放一放，反过来征求我们的意见。此时，我们若是心不在焉地回答了他，他就会立刻看穿我们在做什么，进而对我们更加不满。

还有一种情况，表达者可能不直接问我们问题，然而他可能会在说话的过程中试图与我们发生目光的交流，如果此时他正好看见你的眼睛瞄向另外的方向，那么他也就立刻会知道我们在敷衍他。

因此，想要让对方因为与我们一起交谈而感到高兴的话，我们所需要做到的第一点就是保持注意力。我们不仅让自己的眼睛一直注视着对方谈话者，而且还使思想集中在他的谈话上，那么即使不开口说一句话，就这种态度也一定会让他人感到快意的。

在注意力之外，我们还必须带着感情去倾听。只要你在交流中带有感情，那么与对方的思想也就容易融洽起来。若对方也注意到了这一点，那么，彼此之间的感情就很容易建立起来了。

我们需要记住的是，即便对某一位表达者没有什么特别的好感，对他的讲话更是一点兴趣也没有，也尽量不要让这种情绪表现出来。毕竟，沟通只是一段时间的事情，没必要让一时的好恶来影响这短暂的沟通。

避免这种感情冲动最好的方法，是注意力集中，不带入任何感情色彩地倾听他的言论。

我们作为倾听者，对方作为发言者，都对同样的一件事物产生了兴趣，这种共同点构成了我们二人之间共情的基础，因而在这方面，我们仍然能够让发言者感受到我们的感情。

保利娜在工作中经常会遇到一些索然无味的人，不过话说回来，她的工作性质本来就是解决各种各样的关于人的麻烦。因而，当遇到那种特别不愿意打交道的人时，保利娜还是会保持一种克制的态度与之进行交流。

一次，一位叫迈克的基层员工因为保险的问题和公司发生了一些矛盾，他声称要去法院告公司，公司要求保利娜把这项问题处理好，于是，保利娜约迈克在一家咖啡馆见面了。

在咖啡馆里，迈克一开始态度非常强硬，不断强调公司是如何对他不好。对于这样的事情，保利娜见得多了，于是她便想着自己如果是迈克，会怎么样呢？尽管保利娜觉得这种想法是荒谬的，但是为了能够与迈克更好地沟通，保利娜还是这样去假象。她想着自己也遇到了同样的保险问题，那么迈克说的是不是可以给自己一定的建议呢？于是，倾听的过程就变得顺畅了起来。

在倾听的时候，类似于保利娜这种代入感可以帮助我们解决掉烦躁的情绪。假设我们与倾听的对象出现了同样的问题，我们就会对他所说的事情变得关心起来，即便这种假设是没有任何意义的，但至少它能够保证我们与倾听对象更好地沟通。

倾听的第三个原则是要保持思维的敏捷，因为倾听状态会被打破，我们不可能永远不开口，而且即便是在倾听当中，我们也必须时常说几句话呼应倾听的对象。因此，为了让我们说出的话更加有益于沟通，我们需要时刻保持思维的敏捷。

思维的敏捷可以确保我们说出一些简短而又有效的话，这些话需要帮助我们实现两个目的：被他人当作下一个话题的起点；他人一接下去你就立即回到倾听状态中去。

如果我们对某场交流的内容感兴趣，那么，我们心中那简短而有效的话语会自然而然地流露出来。能如此进行一场谈话，那么在这场谈话中，我们一定能成为谈话中的主动方，而非只能被动地应付了。要做到这一点，是需要我们对沟通的内容进行思考的。

我们必须注意自己说的话，使我们能在恰当的时候表现出与对方的感情沟通，以此来让对方感觉到我们对他的话很感兴趣。如若我们能自然地利用这些，那么无论是什么样的沟通对象，都一定会喜欢与我们交流的。

要很好地使用这些，并让它们取得完美的效果，我们必须要机敏而迅捷。我们不能盲目地随着谈话的发展而被别人带着走。我们自己的思维必须同时在活动，不仅应当明白对方所讲的话，并且还应当形成自己独特的观点。

在适当的时候，我们可以叙述一段轶事，静静地注视着机会的来临，机敏地应用时间。在倾听对方说话时，我们可以同时在心中想出些有价值的东西来，以便能够在合适的时间得体地说出来。

思维的敏捷可以使你成就不少东西，在两个人以上的集会中，我们就能看出思维的敏捷对于整个集会的影响。我们可以看出如何能使对方愉快或不愉快，我们可以看出谁是一个聪明的倾听者而谁又是一个自大的表达者。

一个聪明的倾听者，不是一个只要有耳朵就能轻易扮演的角色。为了让自己成为一个聪明的倾听者，我们必须掌握倾听的原则，做到认真地、带有感情地、思维敏捷地去倾听他人的表达。

让对方把话说完

在一次交流的过程中，说话的那个人固然重要，起着引导全局的作用，但是，有的时候，人们需要的往往都是会倾听的人。如果有人在仔细地、安静地听我们讲话，一直对我们的讲话保持着浓厚的兴趣，我们才有更大的动力让这场谈话变得更加精彩。

现今的社会，懂得倾听的人越来越少了。许多人对沟通的法则有一种误解，以为沟通就是不停地说话，因此他们购买很多关于说话的书籍，希望自己变得越来越能说，希望能够凭借自己的三寸不烂之舌让我们的生活越来越好。

但是，当我们拥有了能够说服别人的口才之后，却仍然没有办法进行有效的沟通，这是因为，他们总是喜欢自己开口，而不是让别人开口说话。

当我们在与人沟通时，有时候为了达到自己的目的，我们会将话语灌输给别人，以便能够给别人造成一定的影响。然而，经过实践的检验我们发现，与"说"相比，人们往往更加需要的是"听"。对有些人而言，倾听才是与他们沟通的最好方法。

美国总统林肯曾经在内战最困难的时期邀请了他曾经的一位老朋友到华盛顿做客。当时的邀请函上写的是要和这位老朋友商讨一些问题。等到这位老朋友到了白宫后，林肯和他谈论了好几个小时，谈论的内容都是关于此次内战和黑奴解放的问题。在此期间，林肯列举和策划了几个理由和方案，看了一些信件和报纸上的报道。这样过了几个小时，林肯才让他的老朋友回到了斯普林菲尔德镇。事后，林肯的这位老朋友回忆道："当时，林肯他并没有征求我的意见，也不是需要我的建议，他需要的是一个能够倾听他说话的人。自从他跟我说完话后，我看到他的神情立刻舒缓了许多。"

根据林肯老朋友的叙述，我们得知当时林肯需要的是朋友的友谊和他人的同情来安慰他紧张、惶恐的精神状态，需要有一个可以认真倾听他说话的人能够让他发泄心中的苦闷。所以，与人交谈、交心最重要的诀窍之一就是能够专心倾听对方的讲话。

专心倾听对方说话，我们需要的不仅仅是一双耳朵，更需要一种对他人尊重的态度。这种态度可以反映在很多具体的技巧上面，其中最重要的一点就是让对方把话说完。

我们有些人并非不懂得倾听，面对面沟通的时候，他们可以给对方说话的机会，但是，当对方的话语中有让他产生不同想法的因素，他就会选择插话进去，打断对方的话，这无疑是一种错误的行为。

打断别人说话，首先是一种失礼的行为。培根曾说过："乱插话的人，甚至比发言冗长者更令人生厌。打断别人说话是一种最无礼的行为。"在交流的过程中，我们都有表达自己想法的愿望，为此甚至不去体会别人的感受，而严重的行为就是不分场合地打断别人说话。

同样的道理是，作为说话者对方同样有表达自己想法的愿望，被打断之后，自然会心生不满，这就会给我们的沟通造成极大的隐患。

其次，打断对方说话会影响到对方的思路，进而让对方忘记他在讲什么。我们说过，成功的沟通得益于双方有逻辑的语言。如果因为话语被打断，失去了逻辑，那么我们便无法进行正常的交流了。

保利娜在从事HR工作的时候，她保持的一项纪录就是让一个员工在她面前讲了43分钟的话，而她一次也没有试图打断对方。在对方如此冗长的发言结束之后，保利娜只用了一句话就解决了一切，"那么，你还有什么要说的没有！"

"好了，我的心情现在已经好多了！谢谢你保利娜，你是一个不错的 HR。"对方说完便转身离开了。

对于这次有趣的经历，保利娜说，"有的时候交流是交换意见，而有的时候交流则是找麻烦，避免麻烦的方式就是让那些找麻烦的人把话说完，千万不要去试图打断他，否则只会带来更多的麻烦。当这些找麻烦的人把话说完之后，他也就没有任何问题了。"

保利娜这句话凸显了倾听对于交流的重要意义，然而问题在于，有的时候我们与人沟通真的是为了交换意见，此时如果对方不停地长篇大论，对我们像老师教育学生一样侃侃而谈，那么我们又应该怎么办呢？

对于这种问题，我们需要采取更为巧妙的解决办法，既保证让对方把话说完，又把自己的意见传递过去。

办法一：暗示。

当我们必须要对某个正在讲话的人发表意见时，我们可以选择一些巧妙的暗示，让他明白我们有话要说。譬如，在他提出某个观点的时候，做一个稍微带有否定的微笑，或者用两个手指敲击另外一只手的手背等，这些都可以让他了解到我们的企图，进而过来垂询我们的意见。

办法二：预先表态。

当某个人在发表长篇大论而我们又有不同的意见时，我们可以在他某些话语的节点加入一些预先表态。譬如"这个观点我赞成""这个等一下还得再讨论""似乎是的""我保留意见"等，这些表态的词汇十分简短，不至于影响到对方的思路，同时又等于预先埋下了伏笔，让对方尽快结束讲话，转而过来和你讨论。

办法三：用好眼神交流。

眼神的交流在沟通时是必不可少的，这在之前我们已经有所提及。而且更为关键的是，眼神的交流往往是隐蔽而又准确的。因此，当我们想要让对方暂时停止讲话的时候，可以用一些带有含义的眼神，让对方体会到你的想法，这样知趣的人往往会尽快想办法为自己的长篇大论收尾的。

需要注意的是，虽然我们出于礼貌和为了让沟通更有效率而选择不打断别人的讲话，但有时还会面对不得不中止谈话的问题，在这个时候，我们要切记做得果断一些，不要给对方一种犹犹豫豫的感觉，否则领悟不到正确信息的对方会认为谈话并没有结束，他会依然我行我素地说下去。

当遇到一些明显已经没有任何意义的谈话时，保利娜往往会说一句"好了！让我们就到这里吧！"来中断谈话。有些人认为这对于讲话者会有很大的伤害，但保利娜却认为，这样目的明确地结束谈话，反而是对讲话者的一种保护。

当讲话者听到这句话时，大多数人下意识的反应是耸一耸肩，说一句"那就这样吧"。只有你用一种不耐烦的方式来暗示对方结束谈话，对方才会感觉到被冒犯和轻视了。

总而言之，我们在与人交流时，如果想要让交流更有效率，最有效的方法就是聆听。让对方把话说完，不轻易打断对方的话，这会让对方感受到你的体贴和包容，进而使他们的态度被慢慢软化，最终让他成为你的拥趸。

倾听对方的话外之意

在与人交流的时候，有些人往往会遇到听不懂别人说话的困惑。当然，这种听不懂并不是指知识储备上的问题，而是指我们不了解对方想要用语言向我们表达些什么。

保利娜在年轻的时候也曾经有过这样的困惑，她这样说："有的时候，不知道怎么回事，我就是不了解别人的意思。我感觉对方说的话跟我理解的意思差之千里，每当事后别人告诉我他要表达的是什么之后，我总觉得我们的大脑不在一个层面上，就像我是地球人、他是火星人，总之我们不是一个星球的人。"

保利娜的困惑说明了，倾听并不足以掌握所有对方想要传递给我们的信息。对于一个善于倾听的沟通者而言，不仅要学会用什么样的方式去倾听，还要学会怎样倾听出对方话语中的各种信息，明白他人话语中包含的另一层含义。

对此，有些人可能会感到不解，有什么话要说直接说不就明白了，为什么还要弄一些别人不明白的意思呢？这样子说话不就失去了诚信了吗？其实不然，有时候，有些人不方便把话说明白，就只能用这些"弦外之音"来告诉对方真实的意思。

密苏里州的约翰·埃里温是一位非常精明的商人和慈善家。约翰要筹资为密苏里州兴办一所学校、一个教堂以及一些公共服务设施，希望能够帮助到一些贫穷的人。为此，约翰投入了大量的资金，但是，因为工程量巨大，出现了资金短缺的现象，于是，约翰要去找其他商人进行募捐。

约翰来到密苏里州的一位非常有名望、财富的商人恩尼斯家里，恩尼斯对他进行了热情的款待。约翰在跟恩尼斯聊天时，说到了最近股票的涨跌、公司经营的不易，以及家庭生活的烦恼，甚至说最近因为资金短缺而不能做的事情，就是不说希望恩尼斯捐款的事情。后来，二人又聊到了彼此的爱好、兴趣，二人相谈甚欢。到最后，恩尼斯自己提出了捐款的事情，约翰用弦外之音就轻松解决了资金问题。

约翰是个非常聪明的人，他没有一上去就直言说要恩尼斯捐款，因为如果一开始就在话语中带出要求对方捐款的意思，就不免给人一种逼迫的感觉，而对方如果再拒绝他，就会让彼此感觉到尴尬和难为情。

因此，约翰选择把真实的意图隐藏在话语当中，让恩尼斯去揣测。恩尼斯是一个聪明的人，他听出了约翰的话外之意，于是这次沟通的目的就完美地达成了。

即便在社交场合，这种话外之意也是非常多见的。譬如我们去某家做客，主人在较晚的时间对我们说，"从我家这里打车到你家那里大概需要多少钱呢？"那么我们就应该听出这句话的言外之意是，"现在时间已经很晚了，你们应该回家去了！"此时，我们要知趣地告别离开，否则的话就会让主人厌烦。

听出对方的话外之意，可以为我们在与人沟通的时候省去很多不必要的麻烦，同时也可以帮助我们更好地理解对方的心理，进而进行下一步的交流。

亚当斯是麦肯锡团队中的一位金融顾问，当次贷危机发生时，政府曾经施行了大规模救助计划，而受到帮助的都是华尔街的大企业，这让很多人感觉很愤怒，一些人大声地说，"我们不会容忍这件事再一次地发生！"有人因此问亚当斯，对那些公开声明说他们永远不会容忍此类事情再次发生的人有什么看法。亚当斯有些轻蔑地说，"当人们这么说时，你就应该知道，下一次再发生这类事情时，他们一样是会容忍的，他们不过是在虚张声势罢了。"

亚当斯的判断真的非常准确，因为在此后的两年时间里，类似的事情不断地发生，也未见一个人有过什么"不能容忍"的行为出现。

从亚当斯的故事里我们能够看出，麦肯锡的顾问们对于言外之意的了解已经到了非常深入的地步。在麦肯锡的沟通课堂上，他们提出了人往往会将关键信息隐藏在一件虚张声势、愤怒、恐惧、夸张、礼貌或政治上正确的外衣之下。

有的人会想着用听上去很正常的话语来掩盖错误或争取被提拔。譬如一位下属对他的上司说，"南美的客户一切正常，只是我需要再进一步地沟通一下。"而他想要掩盖的事实往往是，他已经把事情搞砸了，他想再试试看还能不能挽回客户。

关于话语中的言外之意，我们无法准确地归纳出细致的分类，不过，我们可以用一些具体的例子来帮助读者理解这一切。

如果你听到的话是："你做得不错！一定要再接再厉！"这句话的意思是："你达到了我的要求，但这还不够！"这是说话的人以平淡的言论来掩盖其对你的要求。

如果你听到的话是："我不想成为一个混蛋，但是……"这句话的意思是："你必须按我说的做，否则你就是一个混蛋……"这是说话的人以一种自我批评的言论来掩盖对你的不满。

如果你听到的话是："我真的很怀念在这里工作的时光。"这句话的意思是："我迫不及待地想离开这里。"这是说话的人用带有感情的色彩来掩盖自己的无所谓态度。

总而言之，言外之意往往存在于不易察觉处，但如果对方的言外之意是为了明确表达一些信息，他还是能够为我们留下一些线索，只要注意在倾听的时候查找这些线索，我们便能够倾听出对方的言外之意。

言外之意可以说是沟通中的一个陋习，但与此同时，它又是传递某些信息的有效渠道。因此，我们不但应该懂得如何倾听言外之意，还应该学会如何将自己的言外之意放进正常的交流当中去。关于传递言外之意，这里有三个原则是可以供我们参考的。

第一，我们要明白怎样恰当地说话才能既有深意又不会让对方听不明白。我们讲话要有深意并不意味着说话要艰涩难懂，让人百思不得其解，而是应该表达出这句话表面下蕴含的其他意思。

譬如说，我们希望知道对方对一件事情的看法或者观点时，如果直接询问，别人或许会顾虑到某些原因不能实话实说，那我们就应该换一个问法，"凯文认为这件事应该……，我觉得这件事也可以这样做，你有什么其他的办法吗？"我们这样说，对方就会明白我们是在询问他的意见，他就可以给予我们想要的答案。

其次，我们能说出一些模棱两可的话。说话有弦外之音，并不代表我们要讲一些模棱两可、含糊不清的话，不能让别人这样理解也行、那样理解也可以，这样只会造成别人的困扰，别人再聪明也不能弄明白我们的意思。我们可以用借喻、暗示等方式来表达自己的意思，这样既能让自己说话有水平，又能达到我们想要的结果。

最后，我们要根据听众的层次来说不同的话。对待一些爱好文艺的人，我们可以选择优美的措辞，讲出一些优雅、高深的话语；而对于文化程度较低的交流对象，我们就要尽量贴近生活，用他们知道的东西来暗示他们，这样他们才能更快、更准确地理解我们的意思。

无论是倾听还是传递言外之意，我们都希望它们能够为我们的沟通带来便利。

习惯 ③⓪

谈论对方感兴趣的事情

　　兴趣是促使沟通能够有效进行的一个重要因素，无论是我们征询某事的时候，还是在我们向他人传递某种信息的时候，使得他愿意与我们进行沟通的必然原因就是他对于我们所要谈论的事情感兴趣。

　　让一个人对一次沟通感兴趣的因素主要有两个，一个是沟通对象——也就是面对那些对我们有好感、感兴趣的人，无论我们说什么，他们都会饶有兴趣地与我们交谈。另一个是沟通的内容，所以，当一个人对我们本身没有兴趣的时候，我们就要试图让他对我们谈论的事情感兴趣。

　　保利娜讲了一个她身边发生的事情。有一次，她和一群朋友去一个伙伴家里去做客，这家有一个四岁的小男孩叫凯文，凯文非常淘气，在他们聊天时，凯文的头不小心磕到了柜子上。他的眼睛睁得大大的，咧着嘴，哭丧着脸，眼泪呼之欲出。这时，一个深谙沟通之道的朋友转过头来，很大声地对这家主人说道：

　　"我要告诉你一个关于一个名叫凯文的孩子的故事，他是我在到你们家前在街上碰到的。他只有四岁，是一个非常勇敢的小孩，你知道他干了什么吗？他摔在地上，头被撞得很疼，那么你想他要哭了，是吗？可是没有，他表现得非常勇敢，一点也不像一个四岁的小孩子。他揉了揉摔疼的脑袋，一边站起来

第四章　做好征询与倾听——"倾听者"的习惯

123

一边还说道，'我跌得并不重。'说罢，他又继续玩自己的游戏了。我想那个小凯文长大了一定会成为一个很勇敢、很强壮的人，他肯定能成为一个优秀的战士的。"

这番言论的效果是可想而知的。小凯文站在那里，张大着嘴，睁圆着眼睛注视着那个说话的人，想听听那个也叫凯文的孩子的故事，等到他知道那个凯文的勇敢行为时，他也尽力忍住不让自己哭泣了。

事后，保利娜分析，这个朋友成功地把小凯文的注意力吸引过来的原因有两方面：第一，这个故事里的孩子也叫凯文；第二，朋友说话是对孩子母亲而非对他而发的，孩子作为谈话之外的第三者，对于谈话的内容会更加感兴趣。

但事实上，凯文才是这个朋友的目的所在，一切的说话其实是对他而发的。这带给我们一个启示，那就是无论怎么样，为了如何选择沟通方式，我们需要围绕着沟通对象及其感兴趣的事情展开。

一个人往往只会对他自己感兴趣，因此，我们要使他的兴趣从自己身上转移到我们身上或我们的谈话上，必须要能够掌握和影响到他的天性和情绪。有人会觉得自己的侧脸很漂亮，因此他喜欢别人从侧面来看他，这给予了他一种快感。有人在知道别人羡慕他的时候，会特别高兴。毫无疑问，人有的时候会对他自身及其感情感兴趣，有的时候则是会拥有一些主观之外的兴趣爱好，但这些主观之外的兴趣也是受他所控制的。想要用话语吸引一个人的注意力，我们首先就要明白这一点。

说到底，无论何种兴趣爱好，人感兴趣的仍然是他自身。当一个人正在观看一场体育比赛，或者正在享受一次轻松的SPA，他其实是对自己的愉快、轻松、成就感等情绪感兴趣。

从这个角度来说，对一些事物感兴趣，其实是出于一种人的本能。保利娜认为，每个人都有一些基本的本能，诸如好奇心、吸引力、自信意识、自卑意识、好恶感等，除此之外还有一些本能或情绪上的趋势，如创造冲动、创造享乐等。

在这些天性和本能之上，如果我们能够将话题引入到其中，或者用话题来刺激这些因素，那么无论我们随便怎么说，都会激起对方的兴趣来。当然，这里我们必须有所了解，兴趣并不一定就代表着积极，有的时候，兴趣也可能是一种讨厌和憎恶。

譬如，当我们看到一则明显带有攻击性的谣言时，我们会想着看看它到底都说了一些什么，但这种兴趣并不是积极的，而是带有破坏性的。人的本能有两种：一种是愉快的，一种是不愉快的，这就导致了沟通的结果也会有两种，一种是愉快的，另一种也是不愉快的。

那么，我们不妨花一些时间来认真思考一下这些天性和本能，因为它们是构成兴趣的基础，因而也就成了一切谈话的前提。而如果我们注意观察就能够指导，有些天性和本能其实就是互相冲突的，譬如吸引力和厌恶感是互为正反的，自信意识和自卑意识是互为正反的……

这带给我们怎样的启示呢？即当我们试图用谈话引起某人的兴趣时，我们要尽量让这种兴趣保持在正面，即能够联系到他们正面的天性和本能。现在，让我们再设想一个场景，看看在这个场景之下，一个正确的沟通应该是怎样进行的。

这是一个漫长的铁路旅程，你坐在火车的座位上，你旁边是一个中年男子。旅程漫漫，你想要找一些话题和对方聊一聊。于是，你指着他手边的报纸说，"这是今天的报纸吗？""是的"，他回答说，"如果你愿意的话，你可以看一看。"

"谢谢！"你接过了报纸，但只是匆匆地扫了几眼，"这真是一个漫长的旅程啊！"你对他说。"谁说不是呢！真令人讨厌！"他随口应承着说。

"不过我已经有很久没有到圣迭戈来了，听说那里的柑橘很不错，这应该正是柑橘成熟的季节！"你接着说道。"嗯，是的。"他面无表情地回答道。

你接着说道："圣迭戈的高中生橄榄球队一直很不错，去年他们获得了加州的冠军，这真是一个伟大的成就。"

"你喜欢橄榄球吗？"他明显感兴趣。

"当然，去年我看了整个球季的比赛，圣迭戈的队伍是我支持的。"

"是吗？那你听说过一个叫格拉汉姆的近端锋吧？"他问道。

"当然，他是一个令人印象深刻的人，身体强壮，技术娴熟，不知道他大学毕业之后会不会去NFL打球！"你说道。

听到你这么说，他更加兴奋了，于是放下手头的一切，开始了和你愉快的交谈。

在这个故事中，你用了三个话题来试图引起对方的兴趣，并最终获得了成功。

第一个话题是关于他本人的——他购买了报纸。你用询问的方式展开沟通，让彼此进入到交谈中来。

第二个话题是关于圣迭戈的特产——你谈到了柑橘，这明显没有引起他的兴趣。

第三个话题是关于体育——你谈到了高中生橄榄球。这让他有了些许的兴趣，或许他也是一位橄榄球爱好者，或许橄榄球与他有什么关系。接着，你将这个话题深入地挖掘了下去，你从他那里获得了一个信息——近端锋格拉汉姆。此时你就知道了，这个格拉汉姆一定是引起他兴趣的关键因素，他要么是他的朋友，要么与他有什么特殊的关系，这个话题引起了他的本能反应。于是你让话题围绕这个格拉汉姆展开，沟通就变得顺畅起来了。

由此可见，一旦当我们的话题能够刺激到对方的本能或天性，就必然会引起一个人的兴趣。将兴趣带入到谈话当中去，对于有效的沟通必然是一个极大的帮助。

习惯 ㉛

安慰的话语，想一想再说

在倾听他人谈话的时候，有一个特殊的情况我们必须要考虑在内，那就是当别人并非传递某种消息，而只是向我们倾诉时，我们该怎样去解决。

一般来说，在商业交往当中，关于倾诉的情况并不常见，但即便是偶尔出现的状况，我们也应该对此有所准备，否则就会出现无法正确应对的尴尬局面。

譬如，作为一位麦肯锡的顾问，你接受了一家企业的委托，为其进行商务咨询的工作。然而当你进入CEO办公室，你听到的第一句话并不是关于工作的，而是CEO对你的一句倾诉。

"你知道吗？昨天我最喜欢的鹦鹉死了，它和我们在一起差不多有五年了，我真的很悲伤。"此时，你应该如何应对呢？即便你只是他聘请的顾问，即便他的遭遇与你一点关系也没有，但你能怎么说呢？你总不能说，"哦，我感到很抱歉，但是这和我无关，来让我们讨论一下关于我的工作的事情吧！"这样说未免太不近人情了，此时，你一定知道，最好的解决方式就是用话语表示对他的安慰。

然而，当面对别人的倾诉你想要安慰他时，有一点是需要特别注意的，那就是安慰他的方法。

"今天真倒霉，我的钱包被人偷了。"

"哎，只要人没事就好。再说了，反正你钱包里也没几个钱，小偷看了都要哭一场。"

如果你像对话中这样安慰他人的话，那么你得到的必将是他人的憎恶。由此可见，安慰人的话语并不能随意地脱口而出，否则是很难起到你想要的效果的。

作家南希·格尔马丁写过一本名为《疗伤的对话》的书，他想用这本书传递给读者一些帮助困境中的人的方法，在这本书中，南希记载了这样一个真实的故事：

有一天午餐时间，全工作室的八个人坐在桌子前，每个人都要轮流谈谈自己那些不向人求助就无法完成的事。南希·格尔马丁认为，这样通过向他人展示自己的困难，便可以最大限度地得到旁人的关注从而解决问题。

可是，南希·格尔马丁的话音刚落，同事当中就有个平常说话很温柔的计算机工程师布赖恩大声地问道："你的意思是，你要告诉别人和一个姐姐刚被人杀害的孩子说些什么吗？"布莱恩的话刚说完，大家全都停止了用餐。

其实大家认识布赖恩已经很久了，但没有人知道，当布赖恩还是个小男孩时，他的姐姐惨遭杀害。更何况布莱恩也没有告诉大家具体的细节——其实细节并不重要，但他却说出了一件令南希·格尔马丁永远也忘不了的事。他的声音带着沉积已久的愤怒，脸上则显露出未曾消失的伤害。他用受伤的语气问南希·格尔马丁："你认为大家能从中学到什么？"

"当有人难过时，该说什么或是不能说什么。"南希·格尔马丁试图向他解释，但他的话还没有说完，布赖恩就插嘴道："你的意思是，假如你有亲人死了，你希望别人不要同情你。是吗？"

布赖恩给南希·格尔马丁上了重要的一课。南希·格尔马丁说："当你沮丧时，不管年纪多大，要是有很多人在你身边说他们有多难过，可能只会令你觉得自己很可怜。也就是说，你想通过表述自己更悲惨的命运来安慰他人，帮助他人解决问题，只会让他人感到更难过。"

或许有的读者会产生同样的疑惑，我们只是想安慰他人，只是想好意地帮助他人走出自己的心理阴影，并没有打算伤害到他们，为什么我说的和做的反而让对方受伤害更深呢？事实上，并不是我们说的每一句安慰之语都能适用当事人，对于不同的事件，不同的人，我们所安慰的方式和方法都是有一定限制的。

那么，如何安慰他人才能够获得有效的效果呢？学者们为我们提出了建议，他们认为，在安慰他人的时候，最好遵循以下四条原则：

第一，彻底的聆听。

倾听不是简单的沉默，而是仔细听听对方说了什么、没说什么，以及真正的含意。在讲话的过程中，要完全抛开自己的思想，将自己的想法意图全部搁置一边，用真诚的态度全身心投入，无条件提供帮助。这样，被安慰者才会对你产生信任，感觉温暖。而且谈话的过程中，尽量不要插话，一定要让他将情绪全都宣泄出来。

第二，转移对方注意力。

通常人遭遇到挫折，可能会采用压抑的方式让自己慢慢消化。可是，如果挫折感被积压得太久，从心理健康角度来讲，反而会产生更严重的疾病。因此，面对这种朋友，你可以通过转移他的注意力来打开话匣子。例如从他喜欢做的事情下手，如果他喜欢唱歌，那么你可以陪着他去唱歌宣泄，如果他喜欢看书，那么文字也可以帮助他转移注意力。

第三，注意安慰的语气。

在与朋友的对话当中，我们还必须时刻提醒自己，一定要放慢不自觉产生的机械式反应，例如，为了尽快地解决对方的困境，便直接跳到采取行动的阶段——说些或做些我们认为对对方有益的事，可是这样做的后果是，往往我们会因为一时冲动而做出更多让人后悔的事。因此，在说话期间，我们一定要注意一定的语气停顿，这样我们才能适时调节自己以做出更好的反应。

第四，合理使用同理心。

也许在对方身上所发生的一切，我们曾经也遭遇过类似的事情。但是，即便如此，因为每个人理解事情的程度不同，我们也无法百分之百了解别人的感受，所以我们一定要合理地使用同理心去关怀对方。切记先耐心听完别人的故事，再考虑有没有必要分享自己的故事，而分享的结果是否对对方有益。

在与人沟通的过程中，我们倾听他人的倾诉，帮助他人摆脱困境，这不仅仅是一种礼貌，更是一种社会责任。在安慰他人的时候，我们要注意方式方法，采取正确的、得体的方式去安慰他人，这会给他们带去真正的帮助，反之，则会给彼此都带来不快，因此，对于安慰他人的话，我们是要想一想再说出口的。

让言语更具说服力

——"说客"的习惯

将侧面说服作为暗示的沟通技巧，

可以帮助我们省去很多不必要的麻烦。

当然，这种暗示必须巧妙而又切合语境，

还必须要确保能够被对方所理解，

否则只会让对方感觉到一头雾水。

习惯 32

让拒绝听起来像肯定

　　说服别人需要高超的沟通技巧，因为你的说服必须由两个部分构成，一部分是让对方放弃他原本的观点，另一部分则是让对方接受你的观点。不过，有一种特殊的说服，它只需要让对方放弃他原本的观点就可以了，那就是拒绝。

　　"拒绝是一种另类的说服，"曾经任职于麦肯锡的保罗·弗兰多这样说道，"说服他人放弃自己的观点，这并不容易，拒绝不能以一个简简单单的'不'来表示，你要明白，你今天拒绝了别人，你日后仍然有可能与他打交道，因此你必须让拒绝变得更巧妙，变成一种彻头彻尾的说服。"

　　作为一家投资公司的合伙人，弗兰多深知拒绝别人又让别人不憎恨你是有多么的困难。"在很多时候，对于拒绝的处理不当会让你成为一个不受欢迎的人。即便是投资银行，也不能让自己背上'讨厌的拒绝者'的标签，所以必须想尽一切办法让你的拒绝听起来像对他们的肯定。"

　　有一次，弗兰多不得不拒绝一位多年的老相识，那是一个叫沃克的朋友，沃克的公司出了一点麻烦，急需一笔资金进行拆兑，他找到弗兰多，说明了自己的要求。

　　"我的朋友，这真是一次千载难逢的投资机会，我真希望我手里面还有足够的头寸权，可惜的是，我已经在上个月到达了我能审批的上限，我感到很抱歉，沃克，我一定会在下一次的董事会上为你争取到这笔钱，请你相信我，我一定会努力争取的。"弗兰多这样回绝了沃克。

对于弗兰多的回绝，沃克没有丝毫的怨言，"这真是一个不错的朋友，只是我来得太不凑巧了。"沃克一定会这样想。

拒绝别人总是令人感到不快，无论是谁，都讨厌被人拒绝。我们要知道，当一个人下决心要请求某人的帮助时，说明他已经降低了自己的自尊心，而这种要求遭到了拒绝，那么他们的自尊心就一定会受到严重的伤害。这也就是为什么很多人拒绝别人之后，会遭到别人的憎恨，因为他伤害了别人的自尊心。

然而，如果你能够用更加巧妙的方式来表示你的拒绝，如果你能非常有效地向对方表明你的拒绝是迫不得已，而且你这样做并不是对对方心怀恶意，并且你还能附加对对方的支持和同情，那么对方自尊心的伤害或许可以被弥补。

譬如，当你刚刚从银行里取了一千元钱，正准备离开银行取款机的时候，你转过身看到一位朋友走了过来："能借给我两百元钱吗？我过几天就还你。"

你了解这个朋友并不是一个讲信用的人，他绝不会还你这两百元钱，但你仍然不想让他记恨你，此时，你应该怎样去做呢？

"抱歉得很，我的朋友，"你需要回答，"我取这些钱是另外有急用的，它只能在我的手头过渡一下，我马上要把它支付给别人。如果不是这样，我一定会借给你的。"

虽然这笔钱可能就是你取来零用的，但这样的话说出口，对方就没有办法再进一步地要求你做什么了。而且，他也会觉得你不是故意不借给他，而是真的另有原因。

巧妙地拒绝别人，这需要我们足够机敏才行。这种机敏要求我们能够随机应变，做一些针对性的措施，既把别人进一步要求的路给堵死，又为自己的拒绝找到合适的理由。一般来说，机敏的拒绝需要你做到以下四点：

第一，拒绝必须清晰坚定。你的拒绝必须能够充分地表明你的立场是

"不"，而不要让对方听起来又像是"不"又像是"是"，这种犹犹豫豫的拒绝并不利于对方收回他的立场，反而会让你陷入到两难的境地里去。

第二，拒绝必须要找到充分的理由。充分的理由是机敏拒绝的前提，如果理由足够充分，你就能让对方觉得你并不是在拒绝他，而是没有办法的选择。他的要求得不到回应不是你的责任，而是其他客观原因造成的。

第三，请对方原谅你拒绝了他的请求。虽然你已经为自己的拒绝寻找到了合适的理由，但你仍然要以诚恳的态度，做一番让对方谅解你的表示。这种表示要发自内心，让对方感觉到你的真诚，并让对方觉得，如果不谅解你或者再提进一步的要求，就是一种失礼了。

第四，拒绝的同时从某些方面赞誉。为什么要赞誉对方呢？这其实是一种带有肯定的心理补偿。只要我们认真地思考一下，就会发现运用的是一种"是的……不过"的方式。

以上四点运用好了，不但可以帮助你成功地拒绝掉你不想做的事情，而且还能够给人留下一种得体、体贴的印象。

对于所有人的拒绝，都应该有这样的技巧，既实现了目的，又不会带来额外的伤害。拒绝在我们的生活中是如此的常见，因而，掌握拒绝别人的技术，也是我们说服他人的开始。

习惯 ❸❸

姿势要低，语言要巧

麦肯锡是一个精英汇集的团队，商业领域的精英不仅意味着必须有过人的学历、不同于常人的见识、解决问题的能力，还必须有得体的言行。

商业社交场合是非常讲究得体的领域，得体的言行会在与他人交往时给人留下很好的印象，会让你成功走入他人的内心，让你拥有能够影响他人、获得他人相信的能力。

说服，作为与人沟通的一种特殊的形式，自然也需要遵循商业的言行规范。而对于麦肯锡的顾问们来说，说服更是他们日常的工作之一。所以在说服时的个人表现上面，麦肯锡的顾问们也有很多值得我们学习和研究的地方。

乔哈特在麦肯锡有过三年的工作经验，在离开麦肯锡之后，他开办了一家零件公司，用几年的时间就把公司经营得初具规模了。乔哈特常对人说，那段在麦肯锡的经历教会了他很多东西，其中重要的一点就是如何在说服他人的时候保持高雅的仪态。

有一次，一位顾客拖欠了公司40万美元的货款，乔哈特约他到公司谈一谈这笔钱，谁知客户进入公司之后，怒气比乔哈特还要大。在办公室里，他当面说自己不打算支付这笔钱，而且以后也不会再买他们公司的东西了。

乔哈特很好奇他为什么这么生气，他想着反驳对方，但为了保持仪态，他没有直白地说出来，而是决定让这位顾客先把问题说出来，释放一下自己的怒气。在听了顾客的原因之后，乔哈特微笑着说："我要谢谢你告诉我这件事，你帮了我一个大忙。因为如果我们的信托部门打扰到了你，那么他们一定也打扰到了其他的别的好主顾，那就太不幸了。相信我，我比你更想听到你所告诉我们的话。"

这个顾客没有料到乔哈特会这么说，顿时愣在了那里。然后，乔哈特说："这笔钱如果您目前不打算还也没关系，什么时候您想还给我们，我随时等候您的消息，而如果你不想再订我们的货了，这也没关系，我可以为你推荐一些其他的公司。"

看到乔哈特如此的低姿态，这个顾问也就没有了脾气，他握着乔哈特的手向他道歉说自己刚刚的态度是错误的，他不会失去这么好的一个生意的伙伴，至于这笔货款，他绝不会拖欠超过三个月的。

在我们尝试要说服别人的时候，我们要意识到，此时我们与对方的关系是对立的，而在对立的关系中，如果一方想要压倒另外一方，其结果就是遭遇到顽强的抵抗。因此，想要让对方接受我们的观点，我们首先要淡化这种对立的关系，其方法就是放低姿态，让语言变得更加巧妙。

乔哈特这样说道："在日常生活中，人们原来的一些观点、意见改变了，接受了新的观点、意见，是在不知不觉中，没有感到心中遇到什么压力，伤了什么感情。但如果突然有人指出，他的看法是错误的，那在心理上就会对这种责难起反感，就不会轻易变更自己的信念。相反，会顽强地维护它。这不是由于意见本身值得维护，而是由于我们本身的尊严受到了威胁。

"'我的'这两个字，对于每个人来说都是最重要的，不论是我的狗、我的家、我的信仰、我的国家以及我的上帝，其力量都是一样的。我们不愿别人指责我们的表坏了，或我们的本子破旧，凡是说我们所拥有的任何事不好，我们都反感。我们乐意继续相信已信的，凡是遇到有人怀疑时，一定会寻找许多借口去维护它。结果大多数我们的所谓推理，都是在找辩证，去继续相信我们已信的。"

所以，如果在说服别人的时候，总是保持着一种高姿态，用教训或者命令的语言去批判别人，其效果就必然不会太好。为了解决这个问题，乔哈特的建议是，在冲突的最开始，先放低姿态、隐藏自己的立场、淡化与对方的冲突，"你不要强调自己是对的，而应该用巧妙的语言让对方意识到他观点中的错误。"

前联邦参议员罗杰曾经与哈佛大学校长罗威尔就国际联盟问题展开辩论。罗杰议员是反对国际联盟的，但当时在场的大多数听众都支持国际联盟。他试图使听众赞同他的见解，为说服听众，他没有一开头就痛斥那些信任国联的人是谬误至极，而是放低姿态，将自己放在一个中立的角度。

"校长、诸位女士和先生们、我的同胞们：罗威尔校长给我这个机会来当着这么多听众讲几句话，使我觉得非常荣幸。他和我是多年的老朋友，我们都是信奉共和党的人。他是我们最负盛誉的大学校长，是美国最重要，最有权威、地位的人之一，也是一位研究政治及政府的最优秀学者和历史学家。现在他和我对于当前的重大问题，在看法上也许不尽相同，但是我相信在关于世界和平的安全及美国的幸福上面，我们的目的没有分别。

如果你们允许，我愿以我本人的立场来讲几句简单的话。我曾经一次又一次述说，我觉得我已用简明的英语说了出来，但是有人误解我的话，有些很高尚的人士没有注意到我所说的意义，遂生误会——他们竟说我是反对任何国际联盟的组织。我并不反对，一点也不反对。我渴望一切国家、世界上所有的自由国家，联合起来成立我们所谓的联盟，而非法国人所谓的协会，只是要联合起来，尽一切可能去获得世界将来的和平，并促进普通的裁减军备的实现。"

罗杰的演说最终征服了很多在场的听众，因为他们能心平气和地听下去，并觉得他的立场是公正的，可以接受的。像乔哈特和罗杰议员这样的人，才是真正能够说服别人的人。他们能够得到别人心悦诚服的赞同，让别人心甘情愿地放弃自己的错误观点。

那么，如何才能拥有如他们这样的说服能力呢？对于这一点，我们普通人可以从三个角度进行学习和锻炼：

第一，在说服对方之前，先要稳定自己的情绪，避免过激情绪的带入。我们在说服对方的时候，如果是和自己感情联系不大的时候，说服还可以顺利地进行。但是如果涉及了自己情绪方面的事情的话，很多时候自控能力就会下降。而一旦失去了自控能力，就必然会导致行为和语言的失态。所以在说服别人之前，一定要先稳定住自己的情绪，让自己保持在镇定的状态下。

第二，找准开口的时机。在说服一些情绪比较激动的对象时，我们最好放低姿态，让对方先开口，而等到对方情绪消散得差不多了，对我们不再那么抵触了之后，再选择开口说服他们。如果对方情绪一直保持激动，那么我们最好不要逆着他的意思去说，可以把说服的话语尽量婉转一些说出口，这样最容易让对方接受。

第三，给对方一定的选择。得体的处理方式是充分尊重说服对象的自主权，没有人能够规定对方必须要为自己做什么事情，如果强硬地让对方做事的话，很可能就会带来相反的效果。说服对方的时候一定要让他们觉得自己是有选择权利的，这样才不会带来逆反的情绪。再加上我们适当的说服，自然就会达到最理想的效果了。

保持一个较低的姿态，用一些巧妙的语言，这会帮助我们得到他人的尊重和信任，建立在尊重和信任基础上的沟通，其效果必然是最好的。

不要把意见硬塞给别人

有些人认为，说服就是劝说别人按照我们要求的去做，这种观点其实是将说服与命令给混淆了。说服一般只出现在两个对等身份的人之间，在说服的关系构成中，没有服从与被服从，而只有愿意和不愿意。

在理解了这一点之后，我们就可以理解为什么有些人的说服总是以失败告终了，因为他们总喜欢用自己的看法去要求别人，把自己的意见强加给别人，而不能设身处地地为对方考虑，从对方的角度来组织语言。

说服，即便是为了要让对方按照我们的想法去做事，也必须站在正确的立足点上。我们经常说"动之以情、晓之以理"，让人在情理之中做出选择，这才是好的选择。那么，如何让我们的观点变成别人的"情理"呢？这就需要启发对方换位思考。

让对方设身处地地体验说服者的处境，进而主动调整自己的心态，这是说服别人最简单又最行之有效的方法。让别人换位思考，因为说到底,说服别人无非就是让双方在某件事上达成共识，如果能够通过三言两语让对方懂得站在另一个角度去想问题，那么达成共识自然是水到渠成的了。对于运用将心比心的方法让对方和自己达成共识这个方法，麦肯锡的顾问们用得是非常得心应手的。

出自于麦肯锡团队的艾伦·格尔达曾任某知名品牌消费品厂商CEO，后来他辞职去洛杉矶一所大学的商学院教书去了。在艾伦作为CEO的几年职业生涯中，他不止一次地面对要与下属、同事、合作伙伴达成共识的局面，而每次遇到这种情况，艾伦总是能够说服对方采纳自己的意见。

在销售业务方面，艾伦一直在受几家大客户的挤压，他们不断压缩艾伦的利润空间，还总是威胁他要削减订货量，选择去中国或印度去订货。这种频繁的威胁让艾伦很愤怒，在一次被威胁之后，他决定结束这一切。他分别找来这几家大客户的采购代表，向他们传达了同一个观点。

"现在，我们面临的局面是，我们无法与中国和印度的供货商竞争，他们有着很强大的成本优势，对于这一点，我们无论怎么做都是比不过他们的。但是，我们有着本土的优势，当你在你们的商店中摆上'美国制造'的商品，这难道不是一种形象的宣传吗？意味着你们也间接为美国人民提供了就业岗位。而我作为供应商，当然不愿意在竞争中落下风，所以请相信我，我能够想到的办法全部已经想到了，我能够为你们做的也已经在全力为你们做了。作为这家企业的CEO，我必须为我的员工、我的企业负责，但与此同时，我也不会推卸我对于你们的责任。如果你们认为我们辜负了这种责任，请你们提醒我们还可以怎么做，但如果你们觉得我们做得还不错，那就请跟我们保持一个友善的合作关系！"

艾伦这段话说得不卑不亢，更关键的是，他没有试着去扭转对方的观念，而只是让对方换位为自己想一想。结果，好几个采购商听了这段话之后，都觉得艾伦已经做到了最好，更有一位采购代表耸了耸肩说："也许你说得对，艾伦，我以前要求得太多了，以后我们还可以更好地合作。"

不知道读者是否曾经有这样的经验：当你无论如何也无法劝阻对方的时候，一句"你要是我能怎么做呢？"就会让对方平静了下来。为什么对方会平静呢？因为他换位思考地替你想了想，意识到了自己的错误进而反馈到行动上，这就是这种说服技巧的巨大作用。

让对方换位思考，这要比将自己的观点强加给对方要更有作用。当然，想要让对方站在你的角度去替你思考，你首先要做的就是站在对方的角度看看他固执己见的原因是什么，如此也才能够有的放矢，让你的说服更有针对性和说服力。

"在与人会谈以前，如果对于我所要说的和他似乎要回答的东西没有一个极清楚的观念，那么我情愿在那人办公室外的人行道上踱上两小时，而不愿走进他的办公室。"这是艾伦一直秉持的一个理念，他用这个理念说明了站在对方的角度看问题，然后再让对方了解到自己心里想些什么对于沟通来说是多么的重要。

有一位叫亨得利的先生，他非常喜欢在离家不远的湖畔公园里遛弯，他没有什么特殊的爱好，每天到公园里遛遛弯就成了他生活重要的组成部分。这个公园里长满了橡树，对这些橡树亨得利很是喜爱，然而最近发生了一件令他伤心的事情，那就是公园里经常有人破坏橡树，他们是来公园野炊的孩子们，他们用橡树枝引火，有事没事还喜欢砍倒小树。

值得一提的是，其实公园有一块关于不准在公园里生火的布告牌，但这布告竖在偏僻的地方，很少有儿童能看见它，而公园的警卫又对自己的职务不太认真，因此野炊生火时有发生。有一次，亨得利跑到一个警卫身边，告诉他一场火正急速在园中蔓延着，要他通知消防队，然而警卫却冷漠地回答说，那不是他的事，因为不在他的管辖区域。

受到了冷遇，亨得利火冒三丈，因此他决定自己来阻止这件事情。最初，他没有试着从儿童的角度来对待这件事，当他看见树下起火时就非常不快，急于想做出正当的举动来说服他们。他上前劝说他们，用威严的语言命令他们将火扑灭，而且如果他们拒绝，他就恫吓那些孩子，要将他们交给警察。

那些孩子非但没有减少野炊生火的次数，反而变本加厉地蹂躏橡树，一旦亨得利不在，他们就加倍生火砍树，并恨不得把整个公园的橡树赶尽杀绝。亨得利为此无比头疼。

当他一筹莫展地把自己的苦恼倾诉给一个朋友之后，朋友微笑着对他说：

"你只是站在自己的角度考虑问题，试着想想你是一个孩子会怎样，然后你才有资格让孩子们为你着想！"听了朋友的话，亨得利想了很久，他决定照朋友说的试一试。

亨得利找到蹂躏橡树的孩子们，对他们说道："孩子们，你们很喜欢这样是吗？野炊的确很有趣，当我是个孩子的时候，我也很喜欢生火——我现在也很喜欢。但你们要知道在这公园中生火是极危险的，我知道你们不是故意的，但别的孩子们不会这样小心，他们过来见你们生了火，他们也会学着生火，回家的时候也不扑灭，以致火势蔓延烧毁了树木。如果我们再不小心，这里就会没有树林，因为生火，你们可能被拘捕入狱。我不干涉你们的快乐，我喜欢看到你们感到如此快乐。但请你们即刻将所有的树叶收得离火远些——在你们离开以前，你们要小心地用土将火堆的灰烬盖起来，下次你们取乐时，请你们在山丘那边沙滩上生火，好吗？那里不会有危险……"

令亨得利惊讶的是，孩子们这次没有变本加厉地破坏橡树，而且他们从此很少再到公园里生火了，即便是偶尔要折一些橡树枝，他们也不会大范围地破坏橡树了。

恐怕说服别人最没有用的技巧就是强迫别人接受你的观点了，因为这样做很容易招致对方的逆反心理。反而是试图让对方为你考虑一下，以情感的沟通为手段的说服技巧，更容易获得对方发自内心的理解。

从侧面暗示说服对象

一个有趣的现象是，当我们面对不同的人时，同一种说服方式往往会得到不同的结果，这主要是因为性格原因导致人对于同样问题的看法不同。而如果说哪一种性格的对象是最难以说服的，恐怕就非固执莫属了。

有些固执到偏执的人，任我们态度再好、姿态再低，也难以打动他们的内心。因为他们坚定了自己的看法，认为自己绝不会出错的，任我们怎么劝说，他们都不会改变自己的想法。在这种情况下，我们不能够以任何的方式进行直接的劝说，而只有用一种更加巧妙的方式，从侧面来引导他们。

弗兰多曾对下属说："有一些极其固执的投资对象，他们坚定地认为自己创业和管理的方式都是正确的，我们无法说服他们回到我们想要的轨道上来，但作为投资者，我们又必须保证我们的资金安全，你应该怎么做呢？你应该用从另外一个角度让他意识到你想要他做什么。'如果A轮融资做不出太好的成绩，恐怕B轮融资也会很不容易吧！'当你说了这样的话，他就明白了，你想要的是保证资金的安全。"

从侧面用委婉的语句"提醒"他人，这是一种比较温和而且也很清晰的表达思想的沟通艺术。直来直往虽然可以比较直白地让对方明白自己的意思，但是在很多时候，直白的语言会给对方带来一定的伤害。尽管你说的是真话，是对的，但是如果表达的方式不合适的话，很可能会招来对方的抵触。相对来说，委婉地向对方表达，更容易让对方接受自己的建议。

弗兰多用A轮融资关系到B轮融资的道理让那些投资对象明白，如果他们不能够保证他们资金安全的话，他们很可能就再也得不到投资了，从而迫使他们必须按照弗兰多要求的，先保证资金的安全。

弗兰多达到了目的，却一点也没有提到自己的要求，这就是从侧面说服的巧妙之处。有些时候，我们不需要说出自己想要对方做什么，只需要从侧面把我们的意思传达到，就可以实现这种说服了。

侧面说服的另外一个好处是避免尴尬，当我们需要进行某项对自己有利的说服时，尤其是当我们的说服抵触到对方的利益时，往往会遇到一些尴尬的场面。此时，如果能够巧妙地运用侧面的说服技巧，就可以将尴尬避免掉。

弗兰多的朋友多尔手里有一个项目，弗兰多想要投资一笔钱与多尔一起把这个项目做下来。然而令他没想到的是，两个人刚刚谈好合伙的事情，多尔就因为意外事故而身亡了，更令弗兰多感到为难的是，合伙要出的钱自己已经交给多尔了，因此他陷入了两难境地：若开口追款，太刺激多尔的太太了，但如果不提此事，自己一笔巨款可就追不回来了，左右想想没有办法，弗兰多只好用侧面传递信息的方法。

在参加完多尔的葬礼之后，弗兰多对多尔的太太说："真没想到多尔走得这么早，我为此感到十分难过，希望你坚强一些。我们的合作才开始呢，不如这样吧，多尔生前的那些朋友你肯定也认识，他的项目你应该也有所了解，现在就由你代替多尔出面把这笔生意继续做下去吧！需要我的时候尽管说。"

从话里话外我们都看不出弗兰多有丝毫追款的意思，然而他真实的意图就是让多尔的太太还钱，因为他知道多尔的太太没有能力也没有心思干下去。而且他在话中又加上巧妙的提醒：我只能在需要的时候过来帮忙。结果怎么样呢？多尔的妻子反过来安慰弗兰多说："这次出事让你生意上受损失了，我也没法干下去，你还是把钱拿回去再找机会吧。"就这样，弗兰多既拿回了钱又免去了尴尬。

说服别人，最巧妙的办法莫过于让对方自己明白你的意思，敲敲边鼓，指点指点，但不去点明自己的意图，这就是侧面的说服技巧。能够熟练运用这种技巧去说服别人的人，都可以称得上是说服人的天才。

　　为了学习这项技巧，我们首先要对它有所了解，侧面的说服从本质上说是一种信息的巧妙传递，而这种传递往往需要三个步骤。

　　步骤一：观察环境，缓和为先。紧张的环境是不适合说服人的。因为面对紧张的环境，人们在内心里会对别人设防，这样攻占别人的思想是有一定的难度的。所以先要看周围的环境是否适合进行游说活动。不适合的话，先缓和气氛，先顾左右而言他。

　　步骤二：不直奔目标，留取话外音。越是直奔目标的说服，就越会惹来对方的反感，相反，你不直击目标，对方的情绪会放松，对你的防御也会下降。而这个时候，你可以利用这样的环境，说些其他的内容。

　　步骤三：回归目标，说服对方。圈子绕够了，就一定要回归到最基本的出发点上。在这个阶段，你必须要让对方明白他需要怎么做，最好用言语给出对方唯一能够做出的选择，而将这个选择归结到你的目标上面，你的说服也就成功了。

　　1887年3月8日，牧师及演说家亨利·华德·毕奇尔逝世。就在那个星期天，莱曼·阿伯特应邀向那些因毕奇尔的去世而哀伤不已的牧师们演说。他希望有最佳表现，因此把他的讲道词写了又改，改了又写，并像大作家福楼拜那样谨慎地加以润饰，然后读给他妻子听。

　　实际上，他写得很不好，就像他以前写的大部分演说一样。如果他的妻子不懂得批评的技巧，她也许就会说："莱曼，写得真是糟糕，念起来就像一部百科全书似的，你会使所有听众都睡着的。你已经传道这么多年了，应该有更好的认识才是，看在上帝的分上，你为什么不能像普通人那样说话？你为什么不表现得自然一点？如果你念出这样的一篇东西，只会自取其辱。"

　　她如果真的这么说了，其后果是可想而知的。但是，她只是说，这篇讲稿若登在《北美评论》杂志上，将是一篇极佳的文章。换句话说，她称赞了这篇讲稿，但同时很巧妙地暗示，如果用这篇讲稿来演说，将不会有好效果。莱曼·阿伯特知道她的意思，于是把他精心准备的原稿撕掉了。

掌握好说服的分寸，尤其是面对那些固执的人。我们不能去伤害的人，我们既要让他们感觉到我们的态度，又不至于让他们难为情，最好的方法就是从侧面否定他们。

侧面的说服，我们可以将其作为一种暗示的沟通技巧，采用这种暗示，可以帮助我们省去很多不必要的麻烦。当然，这种暗示必须巧妙而又切合语境，还必须要确保能够被对方所理解，否则的话，对方会因为不知道我们在说什么而感觉到一头雾水，如此一来倒还不如直来直去地说为好。

让绝望感帮助人做决定

就说服的技巧来说，恐怕没有比让对方自己说服自己更好的了。那么，如何让对方自己说服自己呢？一个重要的手段便是通过营造绝望的感觉，让对方不得不做出选择。

唐纳德是麦肯锡团队走出的一个营销专家，他对于营销策略有很深的见地，唐纳德认为，在对大宗物品如房地产、汽车、奢侈品等商品进行营销时，通过强调营造商品的稀缺性可以为顾客带去一种绝望感，这种绝望感会大大促进成交的概率。

"当推销员向顾客说明他手上的钻石来自于非洲之星的切割碎片时，顾客会觉得这是一个千载难逢的机会，如果不抓住的话，恐怕一生都再也遇不到同样具有传奇色彩的钻石了，于是他会毫不犹豫地签下支票。"唐纳德这样说道。

在一次对企业销售员的培训中，唐纳德亲自为学员们演示了如何采用绝望式的说服策略。当一个犹豫不决的客户站在唐纳德面前时，他煞有介事地说道："现在您已经试驾了，你是喜欢手动挡的，还是喜欢自动变速的？是要银色的吗？这可是仓库里面最后一辆银色的了，你如果今天再晚来一会儿的话，估计银色的这款就需要等上个几周才能看到了，你是想用现金支付还是其他方式？一会儿我们财务经理就要离开了，不如这个时候我们过去找一下经理吧！"听了唐纳德的话之后，这个客户乖乖地选择了购买银色的手动挡的车型。

利用稀缺性给客户造成不把握住就没有机会的绝望感，让客户感觉到他要么选择现在就购买，要么就失去了购买的机会，这就是唐纳德的说服技巧。一般情况下，在不得不做出选择的时候，大多数人会选择把握这"转瞬即逝"的机会。

无论是什么时候，稀缺性总会给人的内心营造一种紧迫感，在这种紧迫感带来的危机感作用下，人自然而然就会按照说服者的思路继续走下去。

而且我们要知道，利用稀缺感来说服他人还有另外一个原因，那就是独特性对于人来说是一种至高的精神享受，人们总是会希望自己能够得到别人得不到的东西。从这个角度来讲，我们按照被说服者的心意，通过营造紧迫性为对方创造一种"独享"的氛围，那么对方自然就会接受说服人的主张。

熟悉广告宣传的读者应该了解，电视广告就是经常利用物品的稀缺性来营造危机感，进而吸引人们购物的。"最后供应""限量供应""每人限购两个""限量促销"等，这些就是一些包含了产品稀缺性的说法。

对于不了解这些，或者意志不够坚定的人来说，他们就会相信广告中的词汇，进而在内心产生危机感。于是，他们选择听从这些广告的建议，到促销日准时光临这些产品。

还有一些奢侈品牌往往会推出限量版的商品，这也是通过稀缺性来营造危机感，从而让消费者就范的手段，这也是稀缺说服的作用。

通过稀缺性来营造危机感的作用是不容小觑的，而实现这种影响力的最主要途径也是多种多样的。单一地列举产品数量的有限，这只是利用稀缺性的一种，除此之外，危机感还可以通过别的方式来营造。

譬如有一个人想买一台55英寸的电视机，对于电视机的选择他有自己的想法，他虽然很关注前些天报纸上宣传的那款电视机，但与此同时也对其他产品做着考虑。此时当他听到销售员说到其中一种只有最后一台的时候，他会毫不犹豫地买下来。这就是利用产品的稀缺性营造出来的紧迫感。客户感觉这种产品销售得特别好，就会认为它们的质量也不错，内心的紧迫感会驱使着他赶紧买下这种产品。

利用营造危机感来说服他人有一个很大的好处，即决定是对方做出的，因而这种说服的环境是最公平的。而这种公平的说服，要求说服者的手段必须巧妙，能够利用各种手段给说服对象营造一个有危机的环境。那么究竟该如何营造带有危机感的环境呢？

首先，要强调物品的稀有性。

说服这项活动，往往并不是独立存在的，它是由多方因素综合在一起而产生的。事出有因，没有人会无缘无故地去说服一个人，我们去说服别人也是这个道理，我们希望对方能够按照自己的意愿来做一件事，如果想要利用稀缺性来进行的话，那么紧迫感就要在稀缺性当中产生。

譬如说，你的同事需要请假，而他是一个做事比较懒散的人，这个时候你该如何劝说对方赶紧去请假呢？很简单的一招就是告诉他，你的老板马上就要出差了或者要休长假了，老板离开了，同事请假的事自然就会受到很大的阻碍。相信在你告诉同事这个消息之后，他会迅速采取行动的。

很多研究表明，当物品和机会变得匮乏的时候，人们就会认为这是最有价值之时。对于那些管理者来说，这是一个绝对有效的信息。他们只要合理利用有限的时间、有限的产品供应和类似的限制资源作为论据，就能够很有立场地将对方说服。东西越少，想要的人就会越多，这是亘古不变的道理。

其次，强调信息的独家性。

怎么样才算是具有信息的独家性呢？这就好比某个鲜为人知的信息被一个人所掌握，继而带来了一大笔的财富一样。有个叫作阿姆拉姆·尼辛斯基的博士生，在1982年以牛肉批发商的购买决策为主题写了一篇毕业论文。他发现，当一些批发商得知近期会因为天气状况而导致外国牛肉货源短缺时，他们的订单数量马上会增加一倍以上；当一些批发商得知其他人尚未听说这个消息时，他们的订单就会增加600%。对天气状况的掌握导致牛肉订单的增减，这就是信息的独家性带来的危机感。

管理者对于这种独家信息会采取稀缺性的原则来合理使用。当他掌握具有独家性的消息，而这个信息刚好和自己的所倡导的点子或者建议相佐证的时候，他就会凭借着独家信息的特殊吸引力来成功说服对方。

物品的稀有性和独家性都能够刺激对方的感官，促使危机感应运而生。但是不是说只要有了危机感，说服就能顺利进行了呢？其实也不是。

从危机感到被说服，这并没有一条对应的逻辑线索，也就是说，有危机感并不代表被说服者一定会按照我们想的那样去做。譬如，当推销员强调某款商品是限量款时，如果顾客有一种"既然是限量的，那就让别人去买吧"的念头，那么这种说服就失败了。

用危机感来说服别人，关键的一点是要引导被说服者，使得他们在感受到危机之后，能够按照说服者制定好的路线做出选择，而关于这一点，需要结合被说服者性格、心态、情绪的掌握，进而做出相应的引导策略。

运用对比的技巧说服他人

在麦肯锡的说服策略中，对比同样是一种行之有效的技巧。唐纳德说，"如果你的客户对你的提案仍有异议，那么你只需要给他一份更差的提案，他自然会接受你的提案了。"

人的内心总有一种比较的情结在内，当我们分析两件事物的时候，如果事物A较之于事物B要好一些，我们下意识地就会觉得事物A是正确的选择，哪怕事物A其实也算不上好。

在唐纳德与客户洽谈合作时，他总会先给客户一种较差的合作方式，然后再给出自己真正想要做的事情。如果一开始，他便把打算和盘托出，那么客户的反应必然是，"嗯，我觉得你还可以为我们做更多，不是吗？如果你每周都来我们这里做一次员工的访谈，不是更有利于我们的合作吗？"

但如果唐纳德在一开始给出的是"每两个月来一次，每季度给一次顾问报告"，那么客户就会对"每个月来访谈一次"感觉很满意了。对比式的说服应用是很广泛的，在谈判、营销等领域都可以找到应用的范例。

一个十二岁的小姑娘想要购买一辆自行车，为此她利用暑假、寒假、放学的时间去卖饼干，竟然在一年时间卖出了四万包。

第五章 让言语更具说服力——"说客"的习惯

公司的人发现全公司没有人能卖出这么多饼干，而这个十二岁的小女孩仅利用业余时间就打破全公司的纪录。专家开始研究这个小姑娘是怎么做到的，研究之后他们发现小姑娘在销售饼干时是这样做的：

她准备了一张价值二十美元的彩票。她每次去敲人家门的时候，卖的是彩票。她一敲门就先自我介绍说自己想要买一辆自行车，利用放假时间来卖彩票。彩票二十美元，如果你运气好可以赚到十万美元。大家都觉得彩票太贵，但她一直坚持说服对方。大家都很同情她，但都说太贵了。这时女孩马上拿出十包饼干，一副很可怜的样子说："那这里有十包饼干，两块钱，你买吧？"马上就会有人买了，而且还是一次性地买十包饼干。

这个小姑娘说服客户购买饼干其实就运用了对比说服术。以二十美元的彩票和两块钱的饼干做对比，客户自然会选择购买比较便宜而且实惠的饼干了。

对比说服术，是一种潜意识的说服，它应用于生活与工作当中的效果是非常明显的。就像故事中的小姑娘一样，如果她不拿彩票的昂贵和饼干的廉价作对比的话，是不可能轻易地让客户购买自己的饼干的。两害相较取其轻，你给客户一个选择的对象，客户自然会给你一个满意的回答。

说服者该如何理解对比说服术呢？这是一个很重要的问题。当两个事物相对有所不同的时候，如果我们从时间和空间上将其放在一起时，就会认识到它们的诸多不同之处，从而选择出比较适合自己心意的那一种产品。

当我们先后将两种完全不同的选择摆在人们的面前时，对方会有什么样的反应，对比其实在一定程度上夸大了或者扭曲了他们对事物的感觉。一般来说，如果两个事物有很大的不同的话，他们就会把两者之间的差别看得要比实际差别更大。

譬如说，房地产销售人员在让客户看房子的时候经常会这样做。他们会建议客户看比较便宜的房子，之后才会让客户看比较好一点的房子，如果这两所房子价格差不多的话，他们就会强调房价稍高的那所房子的特点，以此来刺激客户做决定，而且这也是他们将参观的最后一所房子。

人们的记忆力总是会倾向于最后做的一件事情，而不是早前看到的或听到的事情。对于购房者来说，如果最后一栋房子比之前看到的房子好很多，那么购房者对这座房子的丰富记忆就会和之前看到的房子作对比，并感觉之前看到的房子一无是处。这就是对比的夸大和扭曲效果。

对比说服术主要是基于我们之前对发生事情的看法。如果你在某个倒霉的日子里丢了工作，回来的时候又发现自己最喜欢的车身上有了划痕，相比你在一个因为升职而感到开心的日子，回家发现划痕的反应是不一样的。同样的划痕带来的反应，因为人们之前的情绪影响而变得更加不一样了。

对比说服术的使用就是借助了这个缺口。说服者如果能够很好地利用这种情绪，完成说服就会成为一件很自然的事了。擅长使用对比方法的人会大肆渲染负面结果，向对方说明倘若不听从建议将会如何失败，这样可以使劝说内容因为对比而显得更加有分量，效果会更加明显。

掌握对比说服术的使用方法，对于一个说服者来说是一件很有利的事。那么，对比说服的技巧需要在什么条件下才能起作用呢？唐纳德认为，想要熟练运用对比的说服技巧，必须掌握三个原则。

原则一：对比物必须前后相连出现。

很多的研究表明，公司在开会的时候，如果一个优秀的提案之后又接二连三地出现很多其他不错的主意的话，这样的冲击力远远不如先听一个糟糕的主意之后再听一个好的建议。

对比说服术的使用，要注意正面信息和负面信息出现的时间。心理学家一直都称：人们会下意识地对好的结果报以极大的期待。如果总是出现很多好的建议，人们的思想就会处于一种具有抗体的状态，再好的消息也不会使对方的思想出现任何的波折。

有这样一个例子，英国著名诗人拜伦在街上散步，看见一位盲人身前挂着一块牌子，上面赫然写着："自幼失明，沿街乞讨。"可过路的人如同没看见般匆匆而过。盲人处在冷落无助的尴尬境地，好长时间过去了，手里那乞讨用的破盆子里依然空空如也。拜伦走上前去，在盲人牌子上加了一句话："春天来了，我却看不见她。"一句话激起了人们的同情心，过路人纷纷伸出援助之手。

仅仅只是加了几个字而已，效果却明显不同。这里面固然有文字的魅力，但也有对比的意味所在。平淡而乏味的乞讨词和充满同情心的语言相比，后者更加具有吸引力。人们都在享受万紫千红、蜂飞蝶舞的春色美景，而一个盲人不但挨饥受饿，就连大自然的美丽景色也看不到。这种强烈的对比激起了人们的怜悯之心。这就是对比物出现的空间性。对比物之间的差异，出现的顺序，这对于对比说服术来说是很重要的使用法则。

原则二，给对方一个选项。

说服他人时，语言方式如果使用恰当的话，不仅会获得自己期望的效果，甚至会带来一些额外的收益。而巧设选项，会更容易达到自己的目的。譬如说，有一个教徒向神父询问："我可以在祈祷的时候抽烟吗？"很明显，他会受到神父的严厉批评。但倘若换一种方式询问，就不一样了。这位教徒问神父："我可以在吸烟的时候做祈祷吗？"这个教徒得到了神父的允许，很悠闲地抽起了烟。发问的方式一样，内容也一样，但是结果却不同，区别就在于他们的语言表达上，设立了一个合理的选项，这对于说服的进行是很有帮助的。

原则三，增加额外的利好。

销售人员一般会比较喜欢使用这种方法让交易看起来更加吸引人。额外的利好是什么呢？它可能是一种额外的性能，一个较大的折扣，或者是免费的咨询，但无论是哪一种都能让顾客相信这是一种比较划算的买卖。

譬如，你购买了价值40万元的汽车，难道在销售人员介绍下还不愿意去做

1000元的汽车保养吗？答案当然是很愿意去的，昂贵的汽车都买了，便宜的保养当然是要去的，这就是一种对比法则的应用。

对比的技巧在于掌握被说服者的情绪和心态，为他营造一个比较的心理期望差额，这种差额的营造必须巧妙而又符合实际，否则很容易被人看穿这个技巧的实质。

方案A比方案B要好，但如果这两个方案都不是必需的，正确的选择是谁都不选，如果说服对象有了这种认识，那么任你的技巧如何精湛，也不会起到任何作用。

习惯 ❸❽

寻找对方感兴趣的切入点

"当你用你的长篇大论试图说服他时，你难道没有发现，你面前那个人正在打瞌睡吗？"

唐纳德用这样的话来讽刺那些没有任何说服技巧的人，"你应该明白，当你不得不倾听一些自己不想听的事情时，保持一种专注就已经是勉为其难了，更不要说还要遵照它去做，这是根本不可能发生的，所以，在说服别人的时候，不要用让别人讨厌的语言。"

不能用别人讨厌的语言来说服别人，那么，我们需要怎么做呢？唐纳德对我们说，要"寻找对方感兴趣的话题作为切入点，要知道，只有对方先对你的话题感兴趣，他才能够认真听你在说什么，否则你连让他听你说话都做不到，要知道，即便是爱因斯坦说服罗斯福造原子弹，也要先从可以帮助美国结束战争开始，法拉第说服阿伯丁首相帮助他研究发电机，也是以能够为政府带来税收为突破口的。"

唐纳德所说的法拉第事件发生在19世纪中期，当时著名物理学家法拉第正在进行一项重要的工作——电动机的研究。这项研究需要耗费大量的资金，而当时的英国工业革命方兴未艾，很多人都无法预料到未来的社会中，科技将会占据主导的地位。所以，他们对一些新兴行业的资助和研究并不是很多。

法拉第带着自己的第一个发电机的雏形，前去拜访当时的首相阿伯丁伯爵。他满怀热忱地向伯爵讲述着这个划时代的发明，但是伯爵的反应始终很冷淡，很明显他对这个发明并不是很感兴趣。

法拉第注意到这点之后，很快就想到是什么原因了。对他来说，伯爵是个很了不起的政治家，他最大的兴趣就是增加国家的财产，壮大国家的实力。如果把这种缠着线圈的磁石模型强加到对方的身上，确实是一件很困难的事。

所以，法拉第就说了下面的这句话，法拉第说："伯爵先生，这个机械将来如果普及的话，必定能增加税收。"果然，阿伯丁伯爵听到这句话之后，态度发生了很大的变化。

说服一个人去做一件事，尤其是一件对方并不感兴趣的事，对于很多人来说都是一件难事。但是，如果切入点把握好了的话，就会容易很多。以法拉第为例，劝说首相为自己的研究进行资助，然而首相对这种缠满线圈的磁石并不是很感兴趣，说服首相的过程其实已经陷入了一种僵局。这时候法拉第从税收的角度来劝说首相，很明显这是能够打动首相的重要一点。因为发动机的投产必定会带来相当大的利润，而利润增加必定会使政府得到一大笔税收。首相最大的喜好也就在这点。

所以说，说服一个人并不是单纯地摆事实讲道理，用道理来说服别人。换一种角度，可以从对方最感兴趣、最关心、最熟悉的领域入口。切入点掌握了，说服的进程自然而然就会推进了。

麦肯锡所有的沟通策略中都有非常重要的一个原则，即想要实现良好沟通，必须要先了解你的沟通对象。很多人觉得这样做是完全没有必要的，但事实上并非如此。世界上没有完全相同的两片叶子，当然也没有性格完全相同的人。我们可以接受的事情，并不代表着别人也可以接受。所以，想要让对方也接受这件事，首先就要了解对方的兴趣、爱好以及对这些喜好的敏感程度。

心理学家的研究告诉我们，遇到了很固执的对象时，我们就可以采用一种新的以迂为直的策略。先聊一些距离实质问题比较远的事情，慢慢再把话题由远及近，一步一步切入到实质问题上来。这种方法的好处，其实就是拉近彼此之间心理的距离，一步一步引导对方走进自己的思维，不会给对方带来思想的压力，也能够让对方轻松接受。

当我们试图改变某个人的个人爱好的时候，尤其是自己和对方的兴趣喜好等，这个时候是最具有说服力的。因为我们和对方的相似程度很高，在对方的眼里，我们已经被打上了"自己人"的标签。这样，对方排斥我们的心理就会逐渐被淡化，说服也就变得容易了。

了解对方，是建立双方之间情感链接的最好途径。我们去尝试着说服一个人，如果对方对我们的论点或者看法没有任何感情的话，是很容易就被对方忽视的，所以就要积极寻找对方的交集点，建立起彼此之间的链接和共同目标。双方之间有了共同的认知点，有了共同的话题，相对来说就不再存在隔阂了，说服就会变得容易些了。

譬如说，如果自己的上司比较喜欢打高尔夫球，而你对此也有一定的经验。这个时候，你就可以向对方表示"打高尔夫球会令人神清气爽，是一件很不错的事，我很期待能有一天和您一起去打高尔夫球"，慢慢地在领导的心里，就会想起那个和自己兴趣一样的人，自然而然你就会受到对方的重视了。

所以说，在说服一个人之前，一定要对说服对象进行一定的调查。这样才能够发现对方的兴趣和喜好，把这一点当作切入点，对于说服对方是特别有效的。

想要成为一个说服高手，不仅仅要具有一定的说服技巧，还要掌握一定的做事方法。有的人的喜好是显性的，随便一问就可以知道；有的人的喜好却是比较隐形的，根本就调查不出来。我们以此为背景，总结出了以下几种方法：

第一，通过分析背景，了解对方的想法。

我们知道，想要真正说服一个人，不能毫无根据地介入，而要讲究一定的时间和机遇。但是在介入之前，一定要对说服对象的思想、感觉、看法具备一定的认识。这样才能够针对对方的思想进行深度剖析，有深度地进行说服。

第二，通过了解对方的兴趣爱好，让话题借此展开。

有的人喜欢绘画，有的人喜欢下棋，有的人喜欢写作，每个人的兴趣都会因人而不同。但有一点又是相同的，那就是他们都喜欢和别人谈论自己最喜欢的事，最感兴趣的事。细心的人可以从这点入手，打开对方的"话匣子"，让双方置身在同一个阵营中，之后再对其进行说服，就会很容易达到说服的目的了。

说服对象的兴趣爱好表现得越明显，说服的过程就会越容易。因为有了一个很好的切入点，所以双方之间的警戒心就会瞬间降低。电影、工作、家庭和梦想，很多人的兴趣和爱好都是和这些有很大的联系的，相对来说从这几方面入手是最容易说服别人的。

第三，分析对方的情绪和性格，了解对方的心理需求。

说服对象是稳重的还是急躁的，是谦虚的还是比较骄傲的？这在一定程度上对能否听取说服者的意见有很大的影响。当然，一个人的情绪也是很重要的，对方的思想状态和情绪起伏，是决定说服成败的一个很重要的环节。没有仔细研究对方，没有合理适当的表达方式，就想要说服对方，这是很难实现的！

综上所述，我们总结了三种方法来发现对方的兴趣爱好。而当我们了解了对方的兴趣与爱好之后，就能够根据人的不同、情况的不同，寻找合适的切入点，对他人展开说服了。

别人爱听的话总是最能打动人的，别人感兴趣的话总是最能聊得下去的，寻找对方的兴趣所在作为切入点，这会帮助我们提升说服的成功率，而即便最终无法说服别人，退一步讲，我们还能够以此来拉近彼此之间的感情距离。

习惯 **39**

友善的声调和动人的表情

最近几年，一位名叫Tippi的法国女孩在网络上爆红。Tippi出生在纳米比亚，她的父母都是法国人，在她年幼的时候，她和父母一起回到了法国进入学校学习，后来成了一位制片人。不过，她的走红并不是因为她在影视界的成就，而是因为她的一本名为《我的野生动物朋友》的著作。

在这本书中，Tippi讲述了她随在非洲工作的父母一起生活在非洲草原上，以自己的热情、友善赢得了非洲土人和野生动物的友谊的故事。Tippi虽然不会说非洲当地的方言。但是她用自己温柔的语调和声音，以及和善的眼神征服了非洲土人和无数的野生动物，她不仅可以和当地居民一起玩耍，郊游，而且还可以把变色龙当作自己的装饰品放在身上，还可以悠闲地骑在鸵鸟的背上，同时还能时不时和凶猛的猎豹一起散步，并且还可以让她的"阿布哥哥"——一头大象用鼻子吸水帮她洗澡。

尽管后来有人说Tippi书中的动物很多都是处在半野生状态下的，但是任何人都知道，那些凶猛的动物，即使是家养的，也不会轻易与人接近。

语言一直被认为是人与人沟通的最佳方式，然而对于Tippi而言，语言并不是她所擅长的，她用来与当地的人和动物沟通的渠道很特殊，那就是她的表情和声音。

心理学家认为，人的声音可以传递很强烈的信息。有的时候，即便是对方听不懂你的语言，一样可以根据你声音的音量、音色和声调来判断你对他的态度。友善的、关怀的声音有一种柔和的声调，它会让听到的人放松情绪，而愤怒的、憎恶的、攻击性的声音则带有一种粗暴的声调，它会让听到的人反感。

对于说服一个人来讲，我们当然是希望对方对我们抱有良好的态度，退一步讲，我们至少不希望对方反感我们、敌视我们。因此，在说服他人的时候，我们也是应该多注意一下自己的声调的。

麦肯锡的效率专家艾维在会见一家钢铁公司总裁舒瓦茨的时候，他的语言和表达方式给对方留下了深刻的印象。在工作完成之后，这位总裁专门要求艾维为他上一堂关于沟通技巧的课程。

在这堂课上，艾维将自己之前准备与舒瓦茨见面的会谈框架打印成文字交给了他，看着这五页纸，舒瓦茨没有发觉任何能够打动人的特殊之处。然后，艾维又亲身演练了一次如何将这些文字表达出来，此时舒瓦茨明白了，艾维说服他的诀窍在于说话的声调上面。

用声调来说服别人，我们首先要明白声调都是由什么构成的。研究者认为，人声调的不同主要体现在五个方面，分别是：语速——说话的快慢；音量——声音的大小；音高——声音的高低；音变——声音的变化；音质——声音的和谐度。

这五个方面相互配合，构成了不同的声调，所以想要拥有直指人心的声调，我们需要先对这五个方面进行充分的了解。

第一，语速。适中的音调应该保持始终的说话速度，这里的始终并非是一个语速，而是要将快慢结合起来。

快的语速，我们用来表达兴奋、急切、激昂等情感，较快的讲话，能使听者产生亢奋的心理和紧迫感。但注意语速不能过快，上句还没反应过来，你的下一句就到了，这样会导致他来不及消化你的思想，因此也就无法理解你要表达的意思。

慢的语速，我们用来表达低沉、阴郁、悲伤等情感，慢条斯理的说话节奏，能够让对方细细品味你的话语。但同样需要注意的是，语速太慢也不行。如果语速过慢的话，一方面会浪费时间，另一方面会使对方分神，有时还没有等到你把话说完，对方就已失去了兴趣。

所以，语速的快慢需要交替使用，适中的音调需要快中有慢、慢中有快、快而不乱、慢而不拖、抑扬顿挫、张弛有度。

第二，音量。适中的音调需要能够被控制住的音量。音量的大小可以替代一些信息，表达出语句中的逻辑重点。但需要注意的是，音量要保持一个被控制的范围内。否则的话，一会儿大声嚷嚷，会给人一种咄咄逼人的感觉，一会儿轻声细语，又会给人一种不自信的感觉。

第三，音高。声音的高低直接影响到被说服者的情绪，尖锐刺耳的声音，容易刺激到被说服者，让他感觉到神经紧张，此时紧张的他很可能产生逆反心理，你越是说什么，他越是不同意什么。低沉粗重的声音则会麻痹人的神经，让人对你说的话产生怀疑。因而，适合的音调也要求音高保持在一个适中的范围内。

第四，音变。适合的声调需要声音富于变化，用抑扬顿挫的声调来表达你的兴趣和热情，灵活准确地传达你不断变化的情绪。如果声调过于呆板，就不免让被说服者感到枯燥平淡而厌倦无神。

第五，音质。在说服他人的时候，我们要尽量保证声音的和谐优美。有人喜欢沙哑的摇滚音，有人喜欢低沉的朋克音，这些在欣赏歌曲、影视作品的时候没有问题，但在与人交流的时候，还是要尽量保持一个纯正柔美的音质。声音纯正悦耳，会使被说服者愿意倾听，在交流的时候如果不小心使用了尖细和嘶哑的声音，那么不是会让人感到做作，就是会让人感到难以忍受。

在清楚了这五点之后，我们需要怎样做才能拥有能够说服他人的音调呢？那就要从以下三个方面入手了：

首先，勤加练习。对于如何运用正确的音调，第一步便是在日常生活中勤加练习，我们可以试着朗读文章，试着与亲人朋友练习音调，试着对着镜子来演讲，这些都是很好的练习方式。当我们练习的次数多了，对于音调的掌握自然就水到渠成了。

其次，说话之前先想一想。在开口之前，强制将自己所说的话再过一遍脑子，先组织一下语言，这样就可以避免因为语言组织不顺而导致失去对音调的控制。

再次，合理使用语气助词。很多时候，语气助词可以将音调变得温柔。例如：一个人说："昨晚的电视剧挺好！"我们如果硬邦邦地回一句："你觉得哪里好？"无疑是不好的回应。但如果我们回答说："嗯，你觉得哪里好呢？"结果就完全不一样了。

在音调之外，对于说服他人的帮助，表情也起着同样的作用。合适的、能够反映真实情感的表情，会让语言更有感染力、说服力。

譬如，当我们在做命令的时候，做出一种略带愤怒的表情，这会给人很大的威慑力，迫使他们屈服于我们。当我们在安慰他人的时候，做一种略带有悲伤和关怀的表情，这会让对方觉得我们的安慰是发自内心的。

适当的表情配上适合的音调，这会让我们养成非常好的表达习惯，有了这种习惯，即便语言的说服力一般，也会被它们弥补掉。美国科学家的研究证明，一段讲话是否能被公众接受，内容的重要性仅占30%，说话者的表情占20%，衣着和肢体语言占10%，而讲话者的语调要占到40%。

所以，恰当地利用你的表情和语调，它们能够增强说服语言的准确度和感染力，准确鲜明地表达你的思想感情，提高你说服的效果。

有趣的谈话者

——幽默的习惯

适度的幽默，

不仅是一种充满魅力的交际技巧，

同时也是一种有良好修养的体现。

在社交场合，一句简单的玩笑话，

一个轻松的小幽默，

会让他人更愿意与你交谈，

更愿意听你的话。

习惯 **40**

戏剧化你的表达方式

"从来没有人规定你的表达必须一板一眼，即便是在最严肃的商务沟通中，你也可以运用一些技巧让你的表达更加戏剧化。"曾任职于麦肯锡公司的戴普这样说道。

戴普是一位公共演讲家，他演讲的内容五花八门，演讲的对象从家庭主妇到世界500强高管，无论面对什么样的人，戴普总是能够用最生动的语言打动他们。

戴普演讲的目的是为了将他在麦肯锡学到的东西传播给他人。"很多人在表达自己的观点时显得十分呆板，他们只注意到观点本身的说服力，而没有注意到表达方式的说服力。事实上，如果你有一种戏剧化的表达方式，它会帮助你在与人沟通的时候获得更大的便利。"

戏剧化的表达方式并非是无聊的玩笑，也不是各种各样的滑稽表演，而是让语言更加灵活多变。当我们无法用常规的交流方式获得他人的关注时，戏剧性的表达，往往会带给他人不一样的感觉。

譬如我们在谈判时，面对某个自己无法决定的条款时，严肃地回答是"对不起，关于这一点我需要得到更高层的指示"，而较为戏剧性的回答是"如果我能决定这件事该多好，咱们就可以结束谈判到酒吧喝酒了！"

戏剧性最常见的表达方式是幽默，用幽默的方式来化解尴尬、解决问题、寻找话题等，这对于有效沟通都是非常有益的。一位语言大师曾经说过，"一个人想要获得人们对你的同意，那么使你的意念戏剧化。"

在与人沟通的时候，我们应用最多的就是语言的交谈。交谈的方式有很多种，但是要想获得他人的好感，那么就不得不在语言谈吐上多花点工夫。正如戴普曾经说过的："世界上再没有什么比令人心悦诚服的交谈能力更能迅速获得成功与别人的钦佩了，这种能力，任何人都可以培养出来。"

林肯是美国历史上出身最为贫寒的总统，可能正是因为出身的贫寒，让林肯总统显得十分平易近人。林肯喜欢与各种人交谈，而且还善于在交谈中控制谈话气氛，林肯能随时保持头脑清醒，思维敏捷，总是能够找出最合适的方式与人交流。

有一次，一个人因为个人对格兰特将军怀有意见，于是劝告林肯说格兰特有可能将总统架空。林肯幽默巧妙的答复却使对方哑口无言："如果格兰特当总统更有利于镇压叛乱的话，那就让他当总统好了。"

还有一次，有位女士闯进白宫，理直气壮地要求总统给她儿子一个上校的职位，因为她的祖父参加过来克星顿战役、她的叔父是布拉敦斯堡战役中唯一没有逃跑的人、她的父亲参加过纳奥林斯战役……林肯说："夫人，你们一家三代为国服务，对于国家的贡献实在够多了，我深表敬意。现在你能不能给别人一个报效国家的机会？"

林肯平常善于利用故事来暗示自己的观点。有一次，他说："我相信我讲故事已经讲出了名，但我感兴趣的不是故事本身，而是其目的或效果。我喜欢用简短的故事说明我的观点，避免别人冗长、乏味的议论和费力的解释。一个贴切的故事，可以减轻拒绝或批评所造成的尖锐刺激，既达到谈话的目的，又不伤感情。我不是一个专门讲故事的人，但我把它作为一种缓冲剂，避免不必要的冲突和烦恼。"

林肯能够与各种人愉快地交谈——不论是作风严谨的科学家、老谋深算的政客、傲慢的外国元首，还是谦卑的农民。有时候他说话的口吻就像农民一样朴实，让人感到他可亲可近，而不是一个高高在上的大人物。

我们在与他人进行沟通的时候，首先应当沉住气，要以独具特色的语气和带有戏剧性的情节显示出幽默的力量，在最关键的一句话说出之前，应当给听众造成一种悬念。假如你迫不及待地把自己的要求讲出来，或是通过表情与动作的变化显示出来，那样只会给对方生硬的感觉，而且倘若对方此时本就心情不好，如此一来，也就更达不到你的目的。

曾经有一名实习律师向其朋友说，每当他向大陪审团陈述最后意见时，他踱来踱去以使自己的语速慢下来。他开始语速很快以使陪审员提起精神听他概述事实和提供案件的证据。当他分析对方的立场时便慢下来。当他要作结论时，他会戏剧性地抑扬顿挫地说出每一个词，以强调他的意见的重要性。陪审员们由于被他的话所吸引而全神贯注地听他的陈词，这样也就达到了自己的目的，获得了陪审员的关注。

美国著名律师约翰逊是一位善讲自己笑话的人。有一次，哥伦比亚大学校长在登台演说时，把他介绍给听众说："他算得上是我国第一位公民！"如果约翰逊立即抓住这个难得的机会，大模大样地开着玩笑说"诸位静听，第一位公民要开始演讲了"，别人一定认为他是一个没人瞧得起不合时宜的傻瓜。

约翰逊想既要用这个介绍词幽默一下，又要让听众产生好感，他顿了顿嗓子，说："刚才校长先生说的第一位公民，大概是指莎士比亚戏剧中常常提到的公民。校长先生一定是研究莎氏戏剧极有心得的人。他替我介绍时，一定又想到他的戏剧了。诸位听众一定知道莎士比亚是常常把公民穿插在他的戏剧中，充任无关紧要的配角，比如第一公民，第二公民之类，这些配角每人所说的话大都只有一两句，而且多半是毫无口才，没有高明见识的人。但他们差不多都是好人，即使把第一等、第二等的地位交换一下，也根本不会显示他们之间有任何不同之处。"

这个幽默的开场白，使约翰逊既保持了谦虚的风格，又显露了博学多识，立刻赢得听众的好感。

这是一个富有戏剧色彩的时代，仅仅叙述事实还远远不够，必须使用很容易吸引人的方法，电影是如此，广播也是如此。所以，如果你想引起别人的注意，也必须这样做。仅仅平铺直叙地叙述事实还不足以打动人。必须把事实更加生动、更加有趣，并富有戏剧性地表现出来，才能够有效地吸引人们的注意力。

戏剧化的语言表达技巧使我们能够在不经意间就征服他人，还能起到事半功倍的效果。因此，在生活与工作当中，我们一定要懂得更好地运用自己的表达技巧，让与人沟通变得更加轻松。

习惯 **41**

幽默是机智思维的体现

麦克斯·伦茨贝格是一位优秀的企业管理咨询专家，同时也是一位畅销书作家和演讲家。伦茨贝格早年曾就职于麦肯锡公司，这段工作的经历让他结识了很多著名的企业管理者，让他学习了大量与企业管理有关的知识，同时，还让他掌握了很多与人沟通的技巧。

在离开麦肯锡之后，有很长一段时间伦茨贝格是在四处演说中度过的。听过伦茨贝格演讲的读者往往会对他留有非常深刻的印象，他们认为伦茨贝格的演讲中很多东西都具有启发性，而与此同时，他又是一个非常懂得幽默的人。

在一次演讲中，一位听众在了解到兰茨贝格出身于麦肯锡之后，颇有些挑衅意味地站起来要给兰茨贝格讲一个故事。

有一个牧羊人，正在草地上放羊，此时走来一个年轻人，他走到牧羊人面前说："先生，我可以为您服务，我将告诉您，您这群羊有多少只，作为酬劳您可以给我一只羊吗？"

牧羊人想了想，点头答应了。于是年轻人就开始了工作，他用笔记本电脑无线上网，连接上NASA的内部网，调动低轨道卫星，把卫星遥感成像的图片通过软件分析，十分钟后，年轻人走到牧羊人面前："先生，您的羊群共有213头。"

随后，他抱起一只羊作为代价，转身想要离开。

这时，牧羊人叫住了他，对他说："年轻人，如果我能猜出你就职的公司，你可不可以把酬劳还给我？"

"可以！"年轻人回答。

"你是麦肯锡公司的！"牧羊人说。

年轻人很惊讶："你是怎么知道的？"

牧羊人笑了："因为你具有麦肯锡人员的所有特点：第一，你是不请自来的；第二，你告诉我一个我原本就知道的事情；第三，你抱走的不是羊，而是我的牧羊犬。"

讲完之后，这个听众有些不怀好意地看着兰茨贝格，看他会怎样处理。兰茨贝格只是笑了笑，然后说："如果我是那位年轻人，我就不会把牧羊犬还给牧羊人，因为麦肯锡公司的做法就是把一群羊里面最有价值的那一个带走！"兰茨贝格说完，现场爆发出一片掌声，每个人都被兰茨贝格的幽默给逗笑了。

这位听众用一个流传很广的讽刺麦肯锡的笑话，想要羞辱兰茨贝格，但被兰茨贝格轻描淡写地就给解决了。听众的意思是麦肯锡人做的都是无用功，而兰茨贝格则回答他，麦肯锡人都是各行各业的精英人才，不过兰茨贝格将这个答案隐藏在了幽默之中。

幽默是一种高超的语言技巧，当我们将它应用在与人沟通之中的时候，往往能够起到意想不到的良好效果。有人认为，幽默不过是引人发笑的手段，其实不然。幽默虽然会引人发笑，但引人发笑并不是目的，而是为了营造说话气氛，使对方在愉悦之中得到我们的暗示，在心中留下轻松、活泼、美好的智慧痕迹。

而且我们要明白的一点是，脱口秀演员和相声大师的幽默是经过长时间的训练而形成的，我们看他们在台上用语言逗人发笑好似浑然天成，其实很多笑料笑点都是在后台经过多次的研究、磨合、演练而设计好的。

在生活中一个善于幽默的人必定是一个充满智慧的人，他的幽默才是浑然天成，是机智的体现。

幽默富含趣味性，能够吸引听者的注意力，更能够用不同于平淡话语的特点给人留下深刻的印象，这一点对于像兰茨贝格这样的公众人物来说尤为重要，因此我们说，一个机智的人必定是一个时常在言语中带有幽默的人，而一个人幽默又时常能够体现出他的机智来。

爱尔兰著名剧作家萧伯纳曾这样评价幽默，"没有幽默感的语言是篇公文，没有幽默感的人是尊雕像，没有幽默感的家庭是间旅店，而没有幽默感的社会是不可想象的。"

莎士比亚是著名文坛巨匠，但他不止能写，偶尔他也会亲自上场扮演自己作品中的角色，在一次舞台演出中，莎士比亚的一次小幽默就将其机智充分地展示了出来。

那是《麦克白》的一幕，莎士比亚在《麦克白》中客串国王邓肯，在该幕快结束的时候，英国女王伊丽莎白突然从台侧走上了舞台，在接受观众礼节性祝贺后，她温文尔雅地走向莎士比亚，想向其致礼。但是此刻已经完全投入了角色的莎士比亚并没有感觉到女王向他走来，女王见状有些不高兴，只好徐步回到台侧，并有意用眼神向莎士比亚示意，让莎士比亚赶快寻找挽回的办法，但此时莎士比亚依旧全神贯注于角色，女王的眼神他还是没有注意到。于是女王趁莎士比亚下场之际，再次走到他面前，并且有意把手套丢掉一只，然后，这才慢慢地沿舞台而下。

直到此时，莎士比亚才猛地意识到女王的存在，因为他刚念完台词，于是便自然地拾起手套，面对观众说道："纵然朕有重要使命要即刻离去，还需亲自为皇妹捡手套。"这一舞台道白与刚才的形体动作浑然天成，立刻便成为了这台戏的一部分，女王也不禁捧腹大笑，立刻变愠为喜，连声称赞莎士比亚机灵。

你爱吃鸡蛋，又何必非要见见母鸡呢？这句话我们很多人都听过，然而没多少人知道，这句话背后还隐藏这样一个机智的小故事。

有一位作家，年纪轻轻就享誉学界，晚年更是世界闻名，然而他一生甘于平淡，深居简出，很少在社会上抛头露面，对于那些慕名而来的人，先生也是能够拒之门外就拒之门外的，从来不让自己陷入炒作当中。

然而他越是低调，想要认识先生的人就越多，很多记者都慕名而来，想要约他采访，但都被他一一拒绝了。有一次，一位英国女士通过他的一位朋友打来电话，说她很喜欢这位作家的作品，想见见他本人。

对于这位女士的要求，作者自然是婉言谢绝，但那位女士却十分执着，最后作家实在没有办法了，便以其特有的幽默语言对她说："假如你吃了一个鸡蛋觉得不错，你认为有必要去认识那只下蛋的母鸡吗?"听了作家如此的作答，又了解作家低调的人生态度，该女士也只好作罢，心中却没有一丝怨恨的情绪，反而因为作家如此的机智幽默而更加佩服了。

幽默可以帮我们化解尴尬，幽默可以帮我们解决难题，当我们有什么事情不好明说的时候，选择幽默的方式把信息传递给听众，可以说是一种最好的选择。

不过我们也要知道，把幽默的话说得好听并不容易，什么时候说什么样的话，什么样的话语能够博得对方一笑，这都要经过准确而细致的揣摩，而在瞬间就能够让幽默的话语脱口而出，这自然需要绝对的机智。

所以我们说，幽默是机智思维的体现，一个人越是幽默，越代表着他思维的敏捷。注意锻炼自己的幽默神经，在生活中处处寻找可以用来作为幽默的材料，这对于我们练习沟通的技巧绝对是一个良好的习惯。

习惯 ㊷

用幽默掌握沟通的主动权

有些人常常为无法掌握沟通的主动权而苦恼，"在社交场合，为什么总是我听别人的，而我无法成为引领话题的中心人物？"很多人曾经这样抱怨。

这些人如何丧失沟通的主动权，原因是多种多样的，我们无法去研究。但这个问题我们可以换一个角度去思考，为什么有些人总是能够掌握沟通的主动权呢？戴普告诉我们，是因为他们"足够幽默"。

成功的沟通需要在一个相对轻松的环境下展开，能够让沟通环境变得轻松的人，就往往会成为那个掌握沟通的主动权的人。"有的时候，缓和气氛的最好方式就是说说笑话、讲讲幽默感十足的事，这样一来，所有人的关注点就都到你这里来了。"戴普这样说道。

幽默对于掌握沟通的主动权具有不可取代的作用，戴普认为，开玩笑本身代表着谈话者的轻松心态，没有人喜欢面对着一个神经紧绷的人说出心里话。因此，当我们需要别人对你敞开心扉的时候，不妨开一些玩笑，展示一下自己的幽默，这有可能帮助我们拉近与他人之间的距离。

在与人沟通时，处于劣势地位的人需要幽默来表示一种轻松的心态，表明自己没有拘谨的感觉；处于优势地位的人同样需要幽默，他们需要幽默来展示自己的平易近人，消除对方的紧张心态。试想，当遇到一位仰慕已久的人时，大多数人可能会紧张得说不出话来，而一个玩笑，便可以将这种紧张的情绪给打消掉。

英国文学家萧伯纳从外表上看是一个古板的绅士，他留着络腮胡子，一副永远不会笑的坚毅表情，看着就让人肃然起敬。然而在内心，萧伯纳却是一个十分幽默的人，他经常用玩笑来打消他的名气和长相带给人的紧张感，而每次都能够取得很好的效果。

有一天，萧伯纳正在街上行走，突然一个骑自行车的冒失鬼把他撞倒在地，比较幸运的是萧伯纳并没有被撞伤，只是衣服被稍微刮破了一点。骑车的人很礼貌，赶紧下车把萧伯纳扶了起来。对方看到自己撞倒的是萧伯纳，顿时紧张得不行，然而萧伯纳却很惋惜地说："你的运气不佳，先生，你如果把我撞死了，你就可以名扬四海了！"萧伯纳的一席话，让肇事者愧疚的心理变得轻松了许多，同时他也在暗自下决心，以后绝对不会再这么冒冒失失地到处撞人了。

在生活中，难免会遇到一些尴尬的事情，而一个玩笑，就可以将这种尴尬打消掉。所以，在社交场合也需要一些幽默技巧。

密歇根州钢琴家波奇有一次在福林特城举办自己的演奏会，但是他很失望地发现演奏会有一半的座位是空着的。等到他演奏结束的时候，他大步地走到了台前，向那些来到自己演奏会的观众们表示感谢。

波奇开口说："朋友们，我发现福林特这座城市的人们很有钱。"听到这句话后很多人都不解。紧接着波奇又说了一句话，他说："因为我看到你们每个人都买了两到三个座位的票。"这时候人们才反应过来，演奏会场瞬间充满了笑声。

打动一个人，不一定要在正规的场合，用有感染力的话语来感动人的内心。有时候，偶尔的一个玩笑也会让一些人产生愉快的心理，继而为我们所打动。就像波奇一样，那些听到他讲笑话的人，会用一种善意的表达，劝说更多的人来听他的演奏会，也会有更多的人喜欢他。因为在波奇的身上有着一种欢笑的因素，人们听他的演奏不仅是听觉的一种盛宴，更是精神上的一种放松。

幽默不仅仅是一种调剂生活的小情趣，在与人沟通的时候，幽默甚至能够成为我们获得沟通目标的关键钥匙。心理学家通过研究发现，在相对轻松的环境里，人的心理优势会比较充足，心情会比较放松，对自己的自信会增加，做事的时候比较有把握。那么问题是，是什么给了幽默如此大的魔力呢？

第一，幽默感十足的人掌控局势。

有研究者曾经按幽默感强度，把一群大学生分成上、下两等，然后各取一等组成一个小组，让他们讨论大学中的十个预算削减计划中哪一个最好。他们的讨论地点在同样的学生教室，但是成员的幽默感不同。幽默感比较高的人组成一队，幽默感比较低的人组成一队，两个队分别开始探讨。研究者通过结果发现，讨论的结果总是按照幽默感比较高的人的意见行事，即使他们的幽默感不相同。由此可知，一个人在比较轻松的环境里要比其他紧张的环境中更加具有说服力。

城市里的公交车总是那么拥挤，由于拥挤而发生争吵的事例也举不胜举，似乎这已经是司空见惯的事情了。任凭售票员"不要挤"的喊声吼破了嗓子，也无济于事。这个时候，突然有个小伙子嚷嚷道："不能再挤了，再挤我就成相片了。"听到这句话后，车厢里瞬间爆发出了一阵笑声。准备挤车的人也不挤了，挤上车的人也不嚷了，人们的上车行为变得文明起来了。

第二，在轻松的环境里能够爆发瞬间亲和力。

在与他人沟通的过程中，能够赢得陌生人的尊重、信任和喜爱，这就标志着一个人的瞬间亲和力爆发了。一个演讲者，能够赢得所有听众的好感，并且能够响应自己的号召，这就是亲和力的作用。

幽默是营造轻松环境的一个积极因素，也是提高一个人亲和力的重要条件。适度的自嘲，其实是一种幽默的表现，当然也会在瞬间爆发出这个人的亲和力。觥筹交错的社交晚会上，人们常常陷入尴尬的境界，这个时候你不能失风度地给予对方指责，却可以以自嘲的方式，告诉对方"你做错了，一定要注意自己的行为"。

某俱乐部举办了一次招待会，服务员倒酒的时候，不慎将啤酒撒到了一位宾客光秃秃的头顶上。服务员吓得手足无措，全场的人都被惊得目瞪口呆。这个时候，宾客却微笑着说："老弟，你以为这种治疗方法会有效吗？"在场的人闻声大笑，尴尬局面即刻被打破了。宾客借助了自嘲，既避免了光头被人嘲笑的事发生，又在一定程度上展示了自己的大度胸怀，可以说是亲和力暴增。

适度的幽默，不仅仅是一种充满魅力的交际技巧，同时也是一种有良好修养的体现。在社交场合，谁都愿意与绅士交往，而一句简单的玩笑话，一个轻松的小幽默，会让他人明白你对于这种社交是得心应手的，自然他们就更愿意与你交谈，更愿意听你的话。

习惯 **43**

幽默谈吐的语言技巧

当你发现一位谈吐幽默、语言风趣的人在人群中如鱼得水，你会在心里想，"如果我能够像他那样幽默就好了。"当你在与人沟通的时候陷入到尴尬的境地中，你在为寻找打破僵局的话题而苦恼，这时你一定想过，"如果我有一点幽默的细胞，完全可以开个玩笑将这种尴尬遮掩过去。"

幽默是一种机智的体现，但并不意味着这种机智不能够依靠技巧来获得。实际上，大多数懂得幽默的人都有一套关于幽默的技巧，他们看似浑然天成的幽默，实际上是经历过多次苦练和磨合之后，摆在我们面前的"作品"。只不过在何时使用这种技巧、如何拿捏幽默的分寸上面，这需要机智和判断力。

伍迪·艾伦是世界公认的脱口秀大师，有媒体评价说，他将英语的幽默用到了极致。然而，伍迪·艾伦的幽默并不是天生的。出生于一个犹太贫困家庭的他，从小就懂得在生活中寻找难得的快乐。在他十五岁的时候，他便开始自己撰写小笑话投稿给报社，在二十岁的时候，他决定以幽默为生，为此他专门研究各种幽默的技巧，并不分场合地将它们实践出去，以锻炼自己的幽默。当他三十岁的时候，他开始走上舞台，到酒吧、咖啡馆里去表演脱口秀，虽然有时不免被轰下台，但他这样坚持了几年，幽默技巧得到了显著的提高。

到了三十六岁时，他对于幽默的掌握已经可以做到炉火纯青了。此时他将自己独特的幽默用电影的形式呈现出来，最终吸引了全世界观众的注意。

从伍迪·艾伦的成功经历我们应该能够得到信心，幽默并非是上天赐予某个人的特殊礼物，虽然有些人天性开朗，而有些人性格内敛，但只要善于表达，并熟练掌握一定的幽默技巧，我们每个人都可以成为幽默的人。

在与人沟通的时候，我们一定要善于表达，特别是我们想通过沟通达到某种效果的时候，表达方式的好与坏直接关系到沟通的效果。幽默作为一种非常吸引人的表达方式，在沟通中的作用是非常明显的。伦茨贝格这样告诉我们："当你试着用开玩笑的语句把你的意思传递给别人时，往往能够给人留下深刻的印象。"

那么，我们如何才能够拥有幽默的技巧呢？对于这一点，伦茨贝格告诉我们，可以在某些语言和行为的技巧上创造幽默，当然，也要规避掉某些幽默。

首先，注意语气之间停顿的技巧。

当我们说笑话时，每一次停顿，每一种特殊的语调，每一个相应的表情、手势和身体姿态，都应当有助于幽默力量的发挥，使它们成为幽默的标点。重要的词语应加以强调，利用重音和停顿等以声传意的技巧来促进听众的思考，加深听众的印象。

其次，注意选择恰当的幽默语言。

讲笑话要注意配合听众的理解程度，否则会发生听不懂或过于简单的现象。比如曾经有位大使意外受了伤，一位到美国大使馆采访的新闻记者说："大使夫人真像日本人。"如果说这句话的记者早就知道大使夫人是日本人，并且身边的人也了解这一点，那么这句话就非常好笑，否则就变成了一个不好笑的冷笑话。

因此，不管我们脑海里装有多少可乐的笑话和俏皮语言，都不能不加选择地倒出来。语言的滑稽风趣，一定要根据具体对象、具体情况和具体语境来加以运用，而不能使说出的话不合时宜。否则，不但收不到谈话所应有的效果，反而会招来麻烦，甚至伤害对方的感情，引起事端。

再次，注意幽默语言气氛的共用。

当我们脑海中已经生成了幽默的点子时，不要急于显示结果。在最关键的一句话说出之前应当沉住气，以独具特色的语气和带有戏剧性的情节显示幽默的力量，这样才能给听众造成一种悬念。假如你迫不及待地把结果讲出来，或是通过表情与动作的变化显示出来，那就像饺子破了一样，幽默便失去效力，只能让人扫兴。

另外，不可重复滑稽的动作。

假如平时不爱言笑的人，突然在大众面前表演翻跟头，并且头上起了个包时，大家会不由得纵声大笑。但是倘若该人一再地表演同样的动作，笑声不但会消失，甚至会使人起了怜悯之心，以为他的脑子有毛病。

最后，避免最不受欢迎的幽默。

如果在讲什么笑话之前和之中，或是刚讲时，自己就先大笑起来，只能把幽默给吞没了。最好的方式是让听众笑，自己不笑或微笑。这就是说，采取"一本正经"的表情和"引入圈套"的手法，才是发挥幽默力量的正确途径。

当我们在每次表达完幽默后，最好不忘记给全体听众一个发自内心的笑容。另外，不妨试一试，用风趣的口吻讲个小故事或说一两句俏皮话、双关语或是幽默的祝愿词，这些都是很巧妙的结尾。

带有幽默色彩的沟通技巧，可以帮助我们赢得他人的尊重和喜爱。在生活中，每个人都喜欢和幽默的人相处，每个人都喜欢能够给他们带来笑声的人。只要我们能够遵从上面的语言技巧慢慢"修炼"，就一定能够成为一名"口才达人"。

自然流露出你的幽默

有一份杂志曾经对欧洲各国人进行印象的调查，在总体的榜单中，意大利人是位居总评价前两位的。在支持意大利人的理由中，最常见的一条便是"他们非常幽默"。

幽默让意大利人成为给人印象最好的欧洲人，这并非偶然。实际上，意大利无论是经济还是艺术都不是欧洲最突出的，意大利人还相对比较懒，意大利城市的卫生状况可以说是西南欧洲各国最差的。但是，意大利人却有着得天独厚的开朗性格，意大利人的幽默是浸入在基因中的，他们并不会刻意地去寻找什么乐趣，他们的幽默总是在最自然的状态下表露出来。

意大利人在与人交谈的时候总是面带笑容，而且经常爽朗地大笑，即便听不懂别人说什么也是一样。一位意大利人和两位游客在酒吧相遇，游客用结结巴巴的意大利语与这位意大利人交谈，双方越谈越开心，意大利人的笑声感染了所有人。等游客走了之后，酒保过来问他刚刚在谈什么，他居然回答说，"我也不知道，我就是觉得他们很开心，我也开心。"

意大利人无论什么时候都喜欢说一句妈妈咪呀（Mamma mia!），请求别人的时候会说，焦急的时候会说，慌张的时候会说，发誓的时候也会说，但每次说这句话的时候，却总是能带来很多喜剧效果，让身边的人忍俊不禁。因为他们说妈妈咪呀的时候总是带有极其夸张的表情，夸张到连他们自己都不相信自己，有的时候自己也会跟着笑。

大概就是意大利人这种幽默的天性，才让他们成为欧洲最受欢迎的人。这给予我们的启示是，人的天性中最好带有一些自然的幽默，这对于与他人交往会带来很多的帮助。

需要注意的是，富有情趣的谈吐最好不要刻意为之，这样才不会显得矫揉造作。它应该让幽默成为一种深藏内心的底蕴，在无意间自然流露出来。就像山间的泉水之所以汩汩流淌，是因为它的下面有大地永不枯竭的水源一样，这是幽默的至高境界。

自然的幽默，往往发自于人的内心。心情沉重的人，是笑不起来的；充满狐疑的人，话里也难以荡漾暖融融的春意；整天小肚鸡肠的人，话里肯定有解不开的忧郁。只有心胸坦荡，才能笑口常开、妙语常在。而只有这样的人，才能够将快乐带给他人，才能够获得他人的倾心交往。

五星上将麦克阿瑟在写给上帝的祷告词中这样为自己的儿子祈求："我祈求你，不要将他引上逸乐之途，而将他置于困难及挑战的磨炼与刺激之下。使他学着在风暴中站立起来，而又由此学着同情那些跌倒的人。求你让他有一颗纯洁的心，有一个高尚的目标，在学习指挥别人之前，先学会自制；在迈向未来之时，而不遗忘过去。主啊，在他有了这些美德之后，我还要祈求你赐给他充分的幽默感，以免他过分严肃。"

在祈求了一大堆的优点之后，麦克阿瑟还不忘让自己的儿子具有幽默的品质，因为这位五星上将明白，只有幽默才是最能打动人心的东西。

都说人生如演戏，生活如戏台，芸芸众生又如戏中傀儡。如能看破人生的严肃面，自然能以较轻松的态度应付人生，幽默也正是从这种轻松的生活态度中自然流露出来的。这种"幽默"是对现实生活的一种别样写照，是无意间形成的一种与他人相处的"亲切方程式"。

林肯总统是一位天生幽默的人。一次，一位老太太对林肯说："你是我见过的最丑的一个人。"林肯听后笑着抱歉答道："请多包涵，我也是身不由己。"如此幽默的回答，富有风趣的同时，又体现出林肯的豁达和自信。他敢于面对现实，敢于拿自己开玩笑，充满了人格魅力。

由此可见，幽默是一个人乐观生活态度的展示，是对自身力量充满自信的表现。一个人只有对自己的前景充满希望，才能使语言变得诙谐轻松起来。他即使处于逆境，仍能对生活充满信心。总是能用幽默的方式来抚平伤痕，而对那些认为生活充满了痛苦和绝望，整天皱眉的人来说，快乐不过只是幻觉而已。这样的人，往往是很难做到谈吐幽默的。

人类历史上首次登上月球的其实是两个人，阿姆斯壮和奥德伦，可是最先踏出第一步，被歌颂为"一个人的一小步，整个人类的一大步"的，是阿姆斯壮，而不是奥德伦。

当他们返回月球后，在媒体见面会上，有记者问奥德伦："由阿姆斯壮踏上月球，你会不会觉得很遗憾？"

奥德伦轻松一笑，答道："你们要知道，当我们回到地球，第一个爬出太空舱的可是我啊！我是由别的星球过来，踏上地球的第一个人啊！"全场的记者都笑了，并对其报以雷鸣般的掌声。

一位哲学家曾经说过："幽默是表明人对自己的事业具有信心并且表示自己占有优势的标志。"一个人只有具备乐观的信念，才能对一些不尽如人意的事泰然处之。比如德国伟大的诗人、思想家海涅是个无神论者，他在临终告别人世前的最后一句话却是："上帝会不会忘记我——那是他自己的事。"

一位文人曾经说过："幽默在相当大的程度上还是被人误解了，一般人的用法和开玩笑、耍贫嘴，以及滑稽表演没什么区别。但许多人觉得幽默还是有所不同，却说不明白彼此的差别。还有些人给幽默涂抹高尚的光环，说它是知识的结晶，智慧的象征云云。其实，幽默与人的脾气很有关系，幽默并不是笑话的积累，而是自然的反应；往往表现在回答中，而不在主动的讲述里。"

从这位作家的话中我们能够感受到，自然的幽默应该是一种性格，一种风格，一种存在于内发散于外的气质。那么，如何让我们拥有幽默的气质呢？这里有两个方面可以学习，第一是保持乐观，第二是保持善意。

乐观是催生幽默的一种重要的品性。如果一个人的内心总是被愁苦所占据，那么可想而是不会有任何幽默的心情的。

所以，在任何时候保持一个乐观的心态，看事情尽量看到它积极的一面，即便身处困境之中也要给自己一个放松心情的机会，即便是面对讨厌的人，也要看到他好的一面，这样一来，人就自然会变得幽默了。

善意是带来幽默的第二个品性。对一切保持善意的人，能够看到事物美好的一面，能够将体贴和关怀转化成幽默。而对一切不善的人，即便懂得开玩笑，也大多是对人对物的冷嘲热讽，这与幽默是绝对没有一点关系的。

消除彼此间距离感的俏皮话

每个人在与陌生人接触之前，都会自然而然地产生一些紧张感。特别是第一次见面开口，往往因为不了解对方而找不到共同感兴趣的话题，因此会对话题的选择表现得不知所措。甚至有时候刚刚准备好的台词，却在见到对方的那一刻，头脑一片空白。

其实，我们在与人交流时，不妨适当地选择添加一些小幽默来舒缓彼此之间的紧张气氛。适当地添加一些幽默的语言，说两句俏皮话，这不仅可以消除彼此之间的疏离感，还能帮助我们达到人我交融的美好境界。

作为沟通专家，戴普养成了见人第一面就与人开玩笑的习惯。他有一百多个关于各种不同名字的俏皮话，这些俏皮话得体而又简单，往往能够在第一时间与他的沟通对象拉近关系。

譬如，当戴普遇到一位名为格林（Green）的人时，他会对格林说："天啊，你离美联储的主席只有一小段距离啊！"因为美联储的主席格林斯潘（Greenspan）就是格林与距离（span）的组合。

类似这样的小技巧在戴普那里还有很多，这些技巧保证了戴普面对每一个人都能迅速找到突破口，让彼此保持一个放松的心态，一旦心态放松了，接下来的沟通就容易多了。

戴普说："说两句俏皮话并不会降低你的格调，相反，会让你显得更加亲切，谁也不会拒绝你善意的小幽默的。不要害怕俏皮话会让别人反感，事实上，我说了无数的俏皮话，让人反感的时候几乎是没有的。"

从戴普的话中我们能够得知，戴普的社交魔力就是把幽默的神奇力量注入到与陌生人的交往中，让俏皮话帮助他显得平易近人、容易接近。如果在俏皮话当中再添加一些人情味，那么别人就更愿意与他交往了。

事实上，几乎所有在社交领域混得如鱼得水的人，都懂得利用俏皮话为自己赚得印象分。

在工会强大的美国，几乎每个行业都会有工会定期组织聚会，大家相互认识、沟通感情。在聚会中，往往有邀请行业前辈的习俗，全美电视节目主持人晚会自然也不例外。有一次，被邀请的行业前辈中有一位德高望重的老者，他名叫冉·托米西，他有着辉煌的职业履历，是整个行业的楷模，大家对他是既尊敬又有些畏惧，就连晚会的主持人亨德利·里弗斯也不例外。

面对站在自己身边的托米西，里弗斯想要寻找到话题自然是不在话下，毕竟他就是干主持这一行的，然而心里却多多少少有些紧张，他先是夸赞了托米西健康的身体，并询问托米西是否有什么养生的秘诀。

"您是否经常去一些保健医生那里寻医问药呢？他们一定给了你很多好的建议吧！"里弗斯应和道。

"当然，我经常去看我的保健医生。"托米西回答说。

"那么医生都给了您什么建议呢？或者有什么保健品推荐给您呢？您可以向我们介绍一下吗？"里弗斯接着问。

"哦！不！对于保健医生提出的那些建议，我并不建议大家听从，我也从不去吃那些保健品，我建议大家也不要吃！"托米西回答说。

"这又是为什么呢？您去看保健医生，但既不听从他们的建议又不吃他们给你的保健品，那你去看他们还有什么用呢？"里弗斯诧异地问道。

"当然有用，因为保健医生也要活着啊！没有我们的诊费，他们这些人靠什么养家糊口呢？"托米西幽默地说。

听了托米西的话，里弗斯也有些忍俊不禁，便接着问道："那么听从他们的一些建议总没有错的吧！那些保健品不是也可以试着吃吃吗？"

"不！我强烈建议大家不要听他们的建议，也不要吃那些所谓的保健品！"托米西故作一本正经地回答道。

"这又是为什么呢？"

"因为我们也要活着啊！"托米西幽默而又俏皮的回答立即引发满堂哄笑，里弗斯也跟着大笑了起来，刚才的紧张瞬间消失殆尽了。

几句俏皮话让托西米显得十分平易近人，完全消除了他与听众之间的疏离感，让整个聚会的气氛瞬间活跃了起来。

俏皮话能够迅速消除人与人之间的陌生感，并为说话的人增添魅力。俏皮话也能拉近人与人之间的感情距离，因为一起笑的人表明他们之间已经有了共同的兴趣、爱好，这是社交成功的第一步，也是很重要的一步。

在生活中，偶尔说上几句俏皮话，它代表着我们处于放松、乐观、愉快的状态之下，而处于这种状态的人，时时刻刻给人散发出的都是一种积极的气质。因此，在人际交往中，获得别人好感的关键因素之一就是：用俏皮话把幽默和乐观注入他人的内心，消除彼此之间的疏离感。

适当地讲一点俏皮话的另一个可贵之处在于，在气氛非常紧张和严肃时，为缓解紧张打开了缺口。一个适当的玩笑可以缓解紧张的气氛，好比打开了一道闸门，压力就此消失了，换来的是融洽的气氛。这种方式对于商谈的成功也起着非常重要的作用，因为能够让双方从心智的搏斗中暂时脱离出来，让竞争的拘束感瞬间消失。

某大公司的董事长和税务官有矛盾，双方很难心平气和地坐在一起，可是又必须把他们都请来参加一个重要的会议。他们不得不来了。这时，会议主持人抓住他们的矛盾，进行了一瞬间的趣味思考。他向人们介绍这位董事长时说："下一位演讲的先生不用我介绍，但是他的确需要一个好的税务律师。"听众爆发出一阵大笑。董事长和财税局长也都笑了。会议主持人几句简单的俏皮话，便拉近了大家的距离，消除了尴尬的气氛，由此可见幽默的力量所在。

　　拥有沟通技巧的人，往往会巧妙地用俏皮话改变人们的情调和心态，建构起特有的幽默氛围，巧妙得体地摆脱自己身处的尴尬场景。因此，我们也应该学会在适当的场合中，恰当地加上一些小幽默和俏皮话来点亮自己的光彩，拉近与他人之间的距离，博得他人的好感。

幽默的语言来自于哪里

米兰·昆德拉有句话说："人类一开口，上帝就发笑。"我们不难发现，在我们的身边不论是期刊，还是网络帖子，或人们的杂谈中，都离不开那些让人捧腹大笑的幽默段子。

生活中，我们需要幽默。因为幽默可以给我们带来笑容，有时是一缕微笑，有时是开怀大笑。那些不经意间的诙谐调侃，有时就像是电脑中的格式刷，能够将存在于人们之间的不快很快刷去，让矛盾与纠葛所带来的"乌烟瘴气"顿时烟消云散。

在社交场合，笑容也是同样重要的。人们都希望身处令人愉悦的场面，而能够制造欢乐气氛的人通常是备受欢迎的。幽默的人会带给人笑容，带给人快乐，幽默会成为社交场合的利器，帮助你赢得他人的倾心。

那么关键的问题在于，幽默到底来自于何处呢？对于这个问题，戴普认为，幽默是一种社交智慧的外在表现，而这种表现的形式是多种多样的，就制造幽默的方法而言，就有很多种不同的形式。

戴普强调，在不同的社交场合，可能需要不同的制造幽默的方式，如果方式的选择不恰当，很可能会导致幽默变了味道，不但起不到它应有的效果，还可能带来反作用。所以，了解幽默是以何种方式被制造出来的就非常必要。

幽默大多由语言来表达，肢体动作和表情上的幽默虽然也有很多，但是往往是"借题发挥",因此很难刻意地制造出来,我们从没有见过一个正常人在毫无征兆的前提下对人挤眉弄眼,如果真的有人这么做了,我们一定会觉得他不正常。语言的幽默主要由以下这几种方法构成。

第一,调侃对方。

在社交场合,不存在攻击性和偏见,也不带恶意的调侃,会使调侃的对象更加无拘无束。诙谐的"绅士风度"最能活跃气氛。朋友间也是如此,若心无芥蒂、毫无隔阂,开句玩笑,不痛不痒地贬低一番对方,互相揶揄几句,反倒显得亲密无间。

里根是有名的幽默总统,他几乎无时无刻不在展示自己的幽默。在一次白宫的钢琴演奏会上,里根发表讲话时,他的夫人南希不小心连人带椅跌落到台下的地毯上。在观众们的惊呼声中,南希夫人灵活地爬了起来,在二百多名宾客的热烈掌声中回到了自己的位置上。

这时,里根便在他的讲话中插了一句调侃自己的夫人:"亲爱的,我告诉过你,只有在我没有获得掌声的情况下,你才应该这样表演。"一句调侃,既化解了尴尬,又表达了对妻子的关怀。

第二,刻意曲解。

有时候为了达到幽默的效果,我们可以故意曲解对方的含义,装作听不懂或者听错了,然后进行另一番发挥,从而起到幽默的效果。

一次,丘吉尔首相正在一个公开场合进行一场演讲。演讲到一半时,丘吉尔要和听众进行互动,有听众从台下递上来一张纸条,要求丘吉尔回答上面的问题。但是,当丘吉尔打开纸条后发现,那上面什么问题都没问,只是写了"笨蛋"两个字。

丘吉尔明白这是台下有反对他的人想看他出丑。于是,他淡定地收起纸条,神色从容地对大家说:"刚才我收到一张便条,可惜写信人估计太紧张了，他只记得署名，却忘了写内容。"听到丘吉尔的话，台下的听众都哈哈大笑，而演讲也继续顺利进行。

丘吉尔首相当然明白对方的意思，但是他故意曲解对方的用意，从而达到了幽默的效果。不过需要注意的是，刻意曲解对方的用意需要谨慎应用，因此稍不注意，就可能会招致对方的反感。

第三，制造话题漏洞，模糊概念。

漏洞是悬念，是可笑之处，制造漏洞会使人格外关注你的所作所为，并精力集中、全神贯注地听你说话。待你抖开可笑之处之后，人们见是一场虚惊，都会付之一笑。

第四，提出荒谬的问题并巧妙应答。

生活中，总是一本正经的人会给人古板、单调、乏味的感觉。交谈中，不时穿插一些朋友们意想不到的、貌似荒谬而实则极有意义的问题，是一种很好的幽默方法。学会提出引人发笑的荒谬问题并能巧妙应答，有助于良好社交气氛的形成。

第五，善用修辞，含蓄委婉。

灵活运用修辞等语法手段，对不便说明的现象或任务婉转表达，暗示态度或隐语中告诫他人。也可说是言在此意在彼，让听者不只从字面上去理解，而能领会言外之意。

第六，多次反复，语序倒置。

一段话中，通过反复申说同一语句，能够产生不协调气氛，从而获得幽默效果。另外，通过语言材料变通使用，把正常情况下人物关系，本末、先后、尊卑关系等在一定条件下互换位置，从而产生强烈的幽默效果。

第七，使用转折语句。

说话中采用歇后语，是很多人经常使用的一种表达技巧。通过巧妙的话语转折，从而达到幽默的效果。歇后语分为前后两部分，前面部分一出，造成悬念，后面部分翻转，产生突变，化紧张为笑容，从而得到宣泄。

一位脱口秀演员在舞台上这样说道："我当初差一点就成为职业橄榄球运动员了，教练说，只有两样东西阻碍了我的职业发展。"此时，观众们都在等待他解答是哪两样东西。脱口秀演员接着说道："我的左腿和我的右腿。"明明自己不是打球的材料，却用这种转折的语句说出，其幽默效果瞬间就凸显出来了。

当然，幽默的方式还有很多种，我们要注意的是，一定要懂得活学活用，随机应变，这样才能收获快乐，并且给对方留下最美的印象。

习惯 **47**

拿自己开开玩笑

在社交场合中，我们总是不免会遇到一些尴尬的事。譬如，当我们对一个项目志在必得时，突然身边一个人跑过来说："即便拿到又怎么样，还不是像上一次一样搞砸掉？"此时我们应该怎么办呢？

如果我们置之不理，不仅会令自己难堪，还会造成冷场的局面，更关键的是会给其他人留下不好的印象；但如果我们斤斤计较，和说话的人大发雷霆，那会令局面更加难以收拾。

更关键的是，有的时候让我们尴尬的事并不是别人的话语，而是实实在在发生的事情，譬如我们真的就搞砸了上一次的项目，那么应该怎样让自己走出这种尴尬呢？戴普告诉我们，最好用自嘲的方式帮助自己化解尴尬。

一次，戴普为了一个培训的项目需要说服一家企业的部门经理，这个部门在得知戴普来自于麦肯锡之后，略带玩笑地说："麦肯锡人来帮助我们做培训，真的是很荣幸啊！"

听到对方这番话，戴普故意一脸苦笑，说道："是啊，我恐怕是麦肯锡出来的人里面混得最差的一个吧，不知道下一次再有聚会，那一群精英还会不会叫上我！"

一个简单的自嘲，戴普不但化解了尴尬，还强调了自己的精英身份，这种能力实在是值得我们佩服的。自嘲就是有这么神奇的魔力，本应该因为嘲笑而越发尴尬，却因为嘲笑来自于自身而把尴尬瞬间化解，所以，作为一个成熟的人，应该懂得运用自嘲。

美国作家赫伯·特鲁在他的《幽默的人生》一书中曾把自我解嘲列入最高层次的幽默，他认为自嘲不仅是幽默的体现，更是魅力和气度的展现。我们可以想一下，是什么样的人才敢于嘲笑自己呢？

首先，他一定是一个非常自信的人，他对自己有着绝对的信心，因而不怕提及自己可以被嘲笑的地方。如果是一个不自信的人，别人在话里话外稍微带一点讽刺的味道，他肯定就要暴跳如雷了。

其次，他一定是一个非常乐观的人，因此他的缺点在他的心中不占多少分量，他认为自己有更大的闪光点，因而他敢于自嘲。

最后，他一定是一个非常友善的人，用开自己玩笑的方式去让别人开心，这需要具有对人的友善之心，一个待人不善的人，他是不会放任自己被人嘲笑的。

所以说，自嘲是强者才有的特质，是一种智慧的表现。而且，从戴普的例子我们还能够看出，自嘲不仅是一种智慧，还是一种充满魅力的交际手段。

在交际的过程中，有些别有用心的人可能会故意给我们难堪，如果我们大发雷霆，反唇相讥，不仅会显得我们特别没有风度，而且还会让场面陷入僵局。因此，我们必须要懂得如何自嘲，用自嘲的方法反击对方，既不失风度，又能够让对方知难而退。

萧伯纳的剧本《武器与人》首次公演，应观众们的要求，萧伯纳上台接受他们的祝贺。然而，萧伯纳刚刚走上台，就听到有一个人大声地对他喊道："滚回去，谁要看你的剧作，糟透了，收回去吧！"

一瞬间，本来热闹的会场一下子安静下来了，所有的观众都屏住呼吸，等待着一场暴风雨的降临。但是奇怪的是，萧伯纳并没有表现出任何生气的样子，反而面带笑容地对那个人鞠了一个躬，然后说："我的朋友，我完全同意你的意见，但遗憾的是，"说着，他将手指指向了剧场里的其他观众，又说道，"我们两个人反对这么多观众有什么用处呢？我们能禁止这剧本演出吗？"剧场爆发了热烈的掌声和笑声，那个故意寻衅的人也灰溜溜地离开了剧场。

在交际场合中，那些故意令我们难堪的人，就是要让我们大发雷霆，让我们失去风度，从而搅乱整个场面。所以，如果我们真的如他所愿，那么我们就上当了。在这种情况下，一定不要生气，也不需要据理力争，我们大可以在表面上顺从对方的意思，然后用自嘲的方式暗地里讥讽对方。这样，既能令对方知难而退，又能用幽默的方式让那些因为对方的咄咄逼人而不知所措的其他人会心一笑。何乐而不为呢？

事实上，当别人故意给我们难堪的时候，我们完全没有必要和对方相争，因为其他的大多数人都是站在我们这一边的，即使让他在语言上占了上风，也无所谓。只要我们能够运用自嘲的办法博得大家的一笑，尴尬的局面自然就消解了，一切又可以恢复到正常。相反，如果我们大吵大闹，与对方进行激烈的争辩，那么场面恐怕真的就不受控制了。

每个人都有自己的长处和短处，而我们的短处往往就会成为别人调侃的对象，如果我们为此而动怒，只能说明我们是小肚鸡肠的人。所以，当别人调侃我们的短处的时候，我们没有必要遮掩、躲避这样的话题，大可以顺着对方的意思自嘲一番，将其放大、夸张或者是剖析，然后博得众人的一笑。

"我小时候长得并不好看，"这是美国著名演员伍迪·艾伦说过的话，"我是到长大以后才有这副面孔的。"伍迪·艾伦曾如此调侃自己的相貌，这样的话如果从别人嘴中说出来是讽刺和嘲笑，但如果从伍迪·艾伦自己的嘴里面说出来，那就变成了自然洒脱，非但不会因此增加自己的屈辱，反而更彰显大气和幽默。

自嘲还有另外一个好处，那就是救场。在社交场合，冷场是要不得的，只要是冷场的产生和自己有关，我们都可以运用自嘲的办法来化解。一个人能够拿自己的缺点和缺陷来开涮，体现出的是这个人良好的修养。所以说，如果我们的处境不尽如人意，如果我们正被一些问题搅在尴尬中，如果我们有什么可以成为别人的笑料，如果我们正在经历着一场冷场，那么不妨试着用自嘲去改变。以取笑自己来和他人一起笑，让别人看到我们的大度，如此一来别人也许会因此忘掉我们的尴尬而转为尊敬、敬佩我们。

自我嘲讽是一种幽默，同时也是一种自我救赎，尤其是对于身处尴尬境地的人来说，大胆的自我嘲讽是脱困和展现风度的最好方法，我们应该向戴普学习，熟练地运用自嘲技巧，帮我们在他人心中树立大气、自信的形象。

在现实生活中，如果我们自己"骂"自己，那么非但不会让事情变得更糟，反而会收到妙趣横生、意味深长的效果。

而且当我们在与他人的沟通中遇到一些自己难以开口的事情时，也可以借自嘲来为自己开脱。因此说，学会适时地自嘲，就能够制造宽松和谐的沟通氛围，不仅自己能够活得轻松洒脱，还能让人感觉到你的可爱和人情味，从而改变别人对你的看法。

< **7** 第七章

良好技巧促进沟通

——化解分歧的习惯

对于一个善于沟通的人来说，

掌握沟通对象的心态是必须精通的一门学问。

对于情绪激动的沟通对象，

我们一定要想办法解决，

切不可放任不管，

否则沟通就无法再进行下去了。

有分歧才会有共识

　　麦肯锡顾问有时遇到这种情况：在为某个企业进行咨询的时候，企业经营者的想法和顾问的建议会发生冲突，往往一件事情从管理者的角度看似乎没有什么，但麦肯锡顾问往往能够看出事情背后的问题来。而此时，麦肯锡顾问所要做的就是化解这种分歧。

　　化解分歧不能总依靠说服，有的时候，企业经营者的想法未必是错的，麦肯锡顾问的意见也未必是对得。我们进行沟通的目的是互相传递信息，交换彼此的观点，从而让事情往更好的方面发展。因此，在沟通的时候，就不要先立足于自己是正确的。

　　艾森·拉塞尔说，在进行讨论之前，没有人是一定正确的，很多后来被证实的观点和意见，其实都是在讨论中得出的。对于讨论而言，分歧是有益的而并非有害的，因为分歧代表着更多一种的可能和更深一层的考虑，事情经过多人的考虑之后总能够得出最接近于实际的答案。

　　对信息来源的访谈是麦肯锡顾问们日常的主要工作之一，为了保证访谈的客观性，在麦肯锡团队内部还有一个不成文的规则，即在访谈的进行中，要让访谈对象自由地表达他的想法，即便与麦肯锡顾问的观点有分歧，也不能进行有意的引导。

　　因为麦肯锡顾问认为，受访者自由地谈论某事，他的思路完全是独立的，他所披露出的信息也应该是最真实的，而当他被某些词语暗示之后，他的思路会下意识地朝着或者规避这种暗示，进而导致信息的偏差。

譬如，一位访问者正在就企业的经营状况对中层管理者进行访谈，这位管理者谈论了企业的人员结构、管理方式、市场份额和竞争对手。这时，如果麦肯锡顾问认为财务状况是一个严重的问题，因而插嘴说了一句，"公司的财务状况方面有什么特殊的地方吗？"受访者就可能会下意识地放大财务方面的问题，即便原来财务方面没有什么问题，他也会试图去挖掘一些信息，来满足这方面的暗示。

从这一点我们可以看出，麦肯锡对于分歧的原则是欢迎分歧、理解分歧、平等对待分歧，并寻找共识化解分歧。实际上，不仅仅是麦肯锡重视分歧，在我们日常的生活和工作中，分歧都是非常重要的，事实上，正是因为有了分歧，我们的社会才能够发展。

我们都知道很多科学上的伟大成就和突破其实是来自于科学家之间不停的分歧和争吵，他们相互论证自己的观点、推翻对方的成果，最终在这种彼此的竞争中推动了人类文明的进步。同样的，在一个组织内，很多明智的决策和方向性的转折也是由争吵和分歧中寻觅得来的。

为什么会这样呢？原因是一个人的精力总是有限的，不可能考虑问题面面俱到，所谓"智者千虑必有一失"，再精明的人也不可能将问题的方方面面都了如指掌，因此发挥群众的作用，群策群力，在争议声中做出的决定往往是最全面、最有效果的。

一项正确决策要来自于一个清醒的判断，因此始终保持清醒的头脑是我们所必须具备的一项素质。而能否保持清醒，一个很重要的因素在于我们的沟通方式是否正确，我们能否认真听取来自于各方面的意见，特别要听取不同意见。如果我们不去考虑那些不同意见的话，那么我们的思路往往会非常闭塞，从而最终导致决策的失误。

我们看到在很多家族企业内，作为企业创始人的管理者通常认为自己经验丰富、能力出众，因此做任何决策都凭主观臆断，想怎么做就怎么做，不去和任何人沟通，也不理会任何分歧，其结果就是导致企业最终破产。

正确的结论决非是从一片欢呼和掌声中得出来的。想得出正确的结论，我们所要坚持的首要原则就是进行合理的沟通，多听取他人不同的意见，只有通过对立观点的交锋，不同看法的对话，并从各种不同的判断中做出一个选择之后，才能得出正确的结论来。所谓有分歧才能有共识，指的就是这一点。

作为世界上最著名的汽车制造厂商之一，通用企业公司在人类的机械制造史上占有重要的地位。但在上个世纪初的一段时间里，该公司的发展却遇到了瓶颈，直到前总裁艾尔弗雷德·斯隆的到来，在斯隆"统治"通用的33年时间里，他将通用在美国汽车市场的占有率从12%提高到56%。取得了令世人震惊的奇迹。

斯隆将自己的成就归功于决策的正确，而斯隆一直秉持的一个决策理念就是"听不到不同意见不决策"。曾经在一次公司高层的总结会议上他说："各位先生，据我所知，大家对这项决策的想法完全一致。"与会者纷纷点头表示同意。"但是，我建议把对此项决策的进一步讨论推迟到下一次会议再进行。在这期间，我们可以充分考虑一下不同的意见，只有这样，才能帮助我们加深对此项决策的理解。"

斯隆说过，管理做任何决策都不能靠"直觉"，否则"还用得着上什么商学院，直接像街头那些占卜的小贩学不就成了。"他总是向那些管理者们强调必须用事实来检验看法。他反对一开始就先下结论，然后再去寻找事实来支持这个结论。他要求所有管理者在做决策时都要广泛征求下属的意见，尤其是那些持不同意见的员工，因为他明白"正确的决策必然是建立在对各种不同意见进行充分讨论的基础之上的"。

站在不同的角度，人的看法也会不同，对于一项决策，从我们的角度考虑是这么一回事，但到了别人眼里就未必如此了。因此我们如果总是固执地相信只有自己的看法是对的，从不给他人发表意见的机会，那我们就永远无法步出自己狭窄的见解范围。

　　唯有把他人的智慧当作自己的智慧，才能有新的构想，这是我们进行沟通的一个目的，也是保证我们永远得到正确的观点和结论的基础。

　　尊重差异，正确处理和他人在意见中的分歧，不仅仅是一种沟通思路，更是一个正确的工作方法。我们乐于倾听不同意见，乐于能激发他人的反对声音，只有这样，有用的信息才会源源不断地到来。

习惯 ④9

营造平等的沟通氛围

　　意大利著名作家乔治·埃罗奥特在小说《费利克斯·霍尔特》中有过一段这样的描述：当你面前的棋盘中的所有棋子都富有主观意识，它们不但充满智慧而且个性十足，而且你又对自己和对手都不甚了解，那么你这盘棋的下场就可想而知了。你的士兵会偷偷地移到一个新的领地去，你的丞相令你的将军十分恼火，你的皇后和国王整天闹矛盾，而你的炮兵总是擅离职守，那你该如何处理呢？

　　如果你的棋子全部因为他们只是你手中的棋子而憎恨你，并离开他们被指定的营地，那你可就惨了，这盘棋你必败无疑。对此，你可能认为输掉的原因有很多，但是，记住，你更多是被你自己的棋子摧毁的。

　　从埃罗奥特的话中，我们能够推断出，在进行管理的时候，关键问题是让被管理者与管理者实现关系的融洽，而我们知道，融洽的关系来自于有效的沟通并达成共识。但是，人与人是不同的，这种共识并不是天生的，事实上在很多时候，人的个性都决定了人与人之间最大的是分歧而并非共识。

　　任职于麦肯锡波士顿公司的彼得这样说："现在的年轻人与20年前我们那一代人已经有了很大的区别，他们这一代人更需要尊重，当他们走上工作岗位之后，他们也不再像以前的那些员工一样便于管理。"

　　彼得认为，这种不便于管理的方式归根结底是个性的不同，因为个性的多样化，他们要求管理者对他们更加尊重。

彼得说："他们想要与众不同，即使是款式、颜色完全一致的工作服也抹不掉他们想要与其他同事不同的强烈愿望；即使是在最普通的工作岗位上，他们也希望被管理者关注，一旦觉得自己不受重视，他们会毅然而去，他们不再是为了生活而工作的一代，因此不要指望高薪能把他们挽留住；他们追求更广泛的价值，而不仅仅是升迁。在一些无关痛痒的小事上的不开心，他们都会做出冒犯上司的冲动事来，员工的这些变化使有些管理者有时感到不知所措，他们总是不能与员工们保持一致，总是不能理解员工到底要什么，更不明白为什么自己总不能说服员工按自己的意志去行动，他们相信员工是一匹善跑的马，却发现他们总不跑在他希望的方向上。"

对于彼得这一段话，恐怕很多人都有深刻的体会。不错，现在的人越来越难被组织到一起，人与人之间的差异越来越大，沟通起来越来越困难。但无论如何，沟通总是势在必行的，为了完成某项事业，不同个性之间的人必须要达成共识，那么此时，沟通需要怎么样进行呢？

彼得说："对于这些有个性的人，组织管理的作用已经不是特别明显了，现在更加起作用的是组织氛围，即营造一种适合交流的文化，让所有人在一种和谐的氛围之下工作、交流，而对于组织氛围而言，最重要的是平等。"

组织气氛是一种看不到、摸不着的东西，但可以确定的是，组织氛围是在所有人不断交流和互动中逐渐形成的，没有人与人之间的互动，氛围也就无从谈起。因此可以这样说，一个好的组织氛围其实就是一个人与人能够平等交流的氛围。

说到组织内部和谐的交流气氛，恐怕这个世界上没有哪个企业能够比得过安利公司。安利公司是非常注重内部组织氛围的一个企业，在安利内部的每个阶层，上至决策集团，下至销售团队都有很好的交流沟通的文化。

安利的亚太区人力总监罗迪克是一个和员工沟通的专家，在企业内可以说深受爱戴，声望非常高。罗迪克一直贯彻着两条关于与员工沟通的信条，他将这两条信条用自己的话总结为：

第一，人力资源管理的价值在于它能够创造和提高整个企业的组织绩能，即帮助企业内所有的个体员工解决问题，让他们的才能向着达成企业经营战略目标而集合而成的整体力量。

第二，每个人都只能自己管理自己，就算是领导也不可能手把手地为他人做决定。当你看到某人被你"管理"得很好时，那只是他自己在管理自己。因此一个好的领导所要做的事就是和员工进行沟通，达成共识，让员工明白公司想让他们怎么做。在沟通时保持是非分明，与人为善，将心比心一直是我认为要坚持的原则。

可以说正是因为有像罗迪克这样的人力总监，安利集团才营造了一种自上而下的良好的沟通氛围，而这一切对于一个靠直销起家，靠一个个业务员的成绩积累的安利集团来说，其重要性是不言而喻的。

沟通其实就是一个追求彼此认同的过程。认同需要勇气、耐心和个性恒定。勇气使我们能舍去自己的执着，从他人方面理解问题；耐心使我们认真倾听，接受他人的意志；个性恒定是要使我们不至于受他人情绪牵引，不人云亦云。

认同就是我们愿意接纳他人，这样他人才会诚信地与我们进行交流。要使交流顺畅，我们就要严格地把握好交流的动机和沟通的内容，要学会用恰当的沟通语言和表达技巧。

人是一种有感情的动物，如果彼此的关系融洽了，那几乎不用说话也能做到心意相通。一个手势、一个眼神就能传达完整的意思。说错了话也不要紧，彼此笑一笑，依旧能理解话中的意思。如果我们能够实现和他人的心意相通，那么自然什么问题都不在话下了。

在与他人进行沟通的时候，我们要学着观察对方的态度、行为甚至是肢体语言，这可以帮助我们对对方的意图做出判断，以便交流更加融洽。但有些时候，我们非要把我们自己放在强势的位置，让平等的沟通变成一种不平等的交流，那么即便是在企业中，问题也依然会降临。

所以，我们必须要有一种与人平等交流的意识，为交流营造出一个平等的氛围。为了实现这一点，我们需要从两个方面入手：

首先要保持正确的态度。在心理状态上你要和沟通对象平起平坐，不要一上来就把自己摆在一个过高的位置上，也不要过于迁就他人。既然是在和他人进行正常的沟通，也要平等对待，肯定他的诚意和能力，这样他才会跟你说出真话。

其次要保持正确的行为，在交流时，我们应该认真地倾听他人的发言，这是每一个沟通大师都倡议的最基本的一项沟通原则。在倾听中了解他人，就等于为他人接受我们的观点，与我们交换意见打下了良好基础。在相互倾听的行为中，力争求同存异，我们会发现求同的同时，相异的观点常常不自觉地彼此融合，变成了相同点。

在与他人的交流中保持正确的态度和行为，可以帮我们轻而易举地解决双方的地位问题，这样沟通就会变得容易多了。懂得这个道理，我们就可以在沟通中更好地把握分寸，能够顾及他人的感情，因此也就更容易让他人和你达成共识。

习惯 50

巧妙地指出他人的错误

在沟通的时候，有一种分歧是很致命的，那就是沟通的双方中有一方有明显的错误。如果错误的一方是我们自己，那么我们只需要谦逊一些承认错误，接受对方的观点就可以了。但如果错误的是对方，我们是没有理由要求他们和我们一样的做法。

那么，对于错误的分歧我们要怎样处理呢？是直率地指出对方的错误吗？麦肯锡顾问法兰姬并不建议这样去做。法兰姬说了她亲身经历过的一件事情：

在一次吹风会上，一个玩具公司的CEO对我们大谈最近美国的经济形势，他是一位经济学爱好者，所以话里话外会甩出两句经济学术语。

在他说完之后，我们团队中一位新的成员，一个布朗大学经济学高才生，对他说："如果您的观点是在30年前提出的，那么我也许会赞同，但你不知道，在这30年里，经济学已经发生了翻天覆地的变化，你刚刚的有些理论早就已经被证实是错误的了！"顿时，这位CEO的脸色变得难看起来，接下来整个会议他都没有再发言过。

法兰姬说："聪明的人应该知道，指出他人的错误是为了扭转他错误的观点，而并非给他难堪，使用的沟通方法不够巧妙的话，就很容易获得后者而并非前者。"很显然，法兰姬手下这位高才生并不够聪明，因为他的言论羞辱了对方，而没有起到沟通应该有的效果。

就如同法兰姬所说的那样，在发言之前，我们必须要弄明白我们的语言会起到怎样的效果。我们批评别人、指出别人的错误，到底是为了什么？弄清楚这个问题，才能够让沟通更加有效，才能够真正化解分歧。

有些人就如同法兰姬手下那位布朗大学的高才生一样，一想到指出错误，最先想到的就是直言不讳的反驳。但事实上，不是所有的批评都要暴风骤雨，指出他人错误更需要和风细雨。

为什么要注意指出错误的方式呢？这是因为每个沟通对象都是有自尊心的。当错误被人毫不客气地指出时，很多人都会感觉到自尊心受到了伤害。而自尊心一旦受伤，他们就会关闭沟通的大门，即便正确的观点他们也不会再接受了。而此时，如果我们能够用暗示的沟通办法，效果往往会比较明显。

很多时候，我们站在自己的立场上去思考问题，因此，在指出他人错误的时候，我们始终认为自己的出发点是好的，因而在批评的过程中肆无忌惮，经常性地采用一些具有攻击性和侮辱性的词语。这些对于被批评者来说都是不可接受的，在他们看来，你并不是在帮助他们，而是在对他进行人身攻击。因此，他们对于我们的批评往往会不屑一顾，甚至会反唇相讥。

相反，如果我们能够采用巧妙的暗示，让对方意识到他的错误，那么他们不仅会改正错误，还会对我们心存感激，因为我们保全了他的颜面。

一位百货公司的总经理为了检查员工的工作，经常会去卖场视察。这一天，他又来到了卖场巡视。突然，他发现有一名顾客在柜台前等待，却没有一名工作人员过去服务。那些销售员在柜台很远的地方，三个一堆，五个一群，彼此又说又笑。

这个经理本想训斥一下这些在工作时间不认真的员工，但是转念一想，在大卖场里训斥员工影响不好。于是他走到柜台前，亲自为那名顾客服务，等到那些销售员看到经理的时候，一个个不知所措。服务完之后，经理并没有说什么，而是意味深长地看了那些销售员一眼，就离开了。

其实，在卖场里出现这样的情况已经不是一次两次了，这名经理多次因为这样的事情大动肝火，但是收效甚微，那些销售员对经理的训斥根本就不以为然。但是，这一次，经理的这一举动明显比以前的训话要有效得多，在接下来的很长时间里，经理再去卖场巡视的时候，都没有发现这样的问题。

批评对于任何人来说都是一件难以接受的事情，因为直接的批评往往意味着对自己的尊严的直接践踏，而尊严是每个人最重视的东西之一。所以，当我们意识到别人的错误，千万不要为了一时的意气而口不择言，毕竟我们的批评是为了能够让对方改正错误，而不是发泄自己心中的怒气。

其实，但凡是一个追求上进的人，都是愿意接受别人的批评的，因为批评可以帮助自己减少错误，但是每个人所能接受批评的方法却是不一样的，大多数的人对于直截了当的批评往往都不能接受。即使这个人看起来很大度，很有容人之量。因此，我们必须学会用巧妙的暗示对他人进行批评。

有些人可能不明白，错误就是错误，又怎么能暗示呢？如果自己不明说，对方岂会明白？之所以说暗示能够让对方意识到错误，是因为每一个人都有判断是非对错的能力，即使你不说，他也大概知道自己是不对的。所以，只要我们稍加提点，对方就可以清晰地明白自己的过错。

有些人可能觉得暗示是一件很困难的事情，其实，暗示很简单，我们可以用很多简单的方法向对方暗示他的错误。比如，我们可以用讲故事的方式来暗示他人，当然这个故事的内容要与你所要批评的人的错误有关。我们也可以借用反讽的方式，即从侧面让沟通对象了解到他的问题所在。

譬如在非洲，有一个巴贝姆巴族。在这个民族中，依然保持着一种特别而又古老的生活仪式。当族里的某个人因为某些原因犯下错误的时候，族长便会让犯了错误的人站在村子的中央，然后让整个村落的人都过来，将这个犯错的人团团围住，并用赞美来"教训"这个犯错的人。

这些"教训"的人无论是年长还是年幼都会历数这个犯错的人曾经做过的好事，只要是这个犯错的人曾经做过的，哪怕是极小的好事，绝不遗漏。这样的"教训"方法让这个族的每一个人都没有"将错误进行到底"。

人人都是喜欢听好话的，所有的人都希望别人能够表扬自己，而不愿意让别人批评自己，一旦听到批评的言语，逆反心理就会发生作用，即使我们说得很有道理，对方也会无动于衷。因此，当我们发现别人的错误的时候，千万不要横加指责，那只会让对方朝错误的方向越走越远，甚至会为了与我们作对，而故意重复一些错误的行为。这样一来就适得其反了。

习惯 ❺1
解决带有情绪的分歧

有人认为，只要两个人有分歧，就必定会有争吵。但我们之前说过，这是一种错觉，那么这种错觉是因何而来的呢？乔哈特认为，那是因为人在解决分歧的时候，往往会带有情绪。

乔哈特说："对于针锋相对的意见，想要人不带一点情绪的倾听是很难的，当然，每一个麦肯锡顾问都拥有这样的素质，但并不是每个人都可以这样。事实上，大多数人在听到与自己观点相悖的论调时，都会产生一定的抵触情绪。"

有一次，乔哈特必须要说服一位零件供应商继续为自己的企业供货，但这位供应商以乔哈特不守信用为由，对他横加指责。乔哈特就在那里静静地听着，并不时地点头示意，这期间没有一句试图反驳或者沟通的言语。

最终当这位供应商的情绪稳定之后，乔哈特开始发表自己的意见。当然，每当乔哈特提出自己是一个守信用的人时，就会遭到对方的猛烈攻击，而此时乔哈特又会再一次闭上嘴，进入倾听的状态。这样的沟通持续了三个小时，其中有两个半小时乔哈特都在听对方发泄情绪，但最终的结果是，乔哈特说服了这个已经情绪平稳的供应商。

作为商业人士，乔哈特的工作中少不了要面对那些情绪激动的人，这些人包括他的同事、生意伙伴和下属。面对这些情绪激动的人，乔哈特知道，无论采取何种策略，最终都只会让他们更加激动，因此最好的做法就是以静制动、随机应变。

一个成熟的人在面对不满情绪强烈的沟通对象的时候，第一件要做的事就是稳定他的情绪，当一个人情绪非常激动的时候，他根本听不进别人说什么，在此时，你就要以迂回的战术，比如给他倒杯茶聊聊家常，先让他稳定情绪，然后再听他说什么。

无论如何，在情绪激动的人面前，情绪稳定的人还是处于强势的，一个人既然处于情绪激动当中，必然是因为压抑了满腹的情绪，只有让他把个中缘由讲出来，大家才能心平气和地坐下来寻找解决问题的办法。所以，在他人情绪稳定后要以认真的心态听取对方提出的问题，让他们完全说出自己的不满和意见。

等沟通对象把情绪发泄完毕，和盘托出了自己的问题之后，我们还要提出自己的看法。我们当然不能只当他人倾倒不满的垃圾桶，既然是沟通，就应该让沟通变得有效果。

等他人"发完火"，我们要抓住时机耐心地说出自己对问题的看法，这对减轻他们的不满情绪有很大效果。说完自己的想法后，还要有针对性地提出一些解决问题的办法，至少要做出为他们解决问题的姿态，这种表现可以让他人得到暂时的心理满足，认为自己的情绪不是无理取闹。

对于如何处理沟通对象的不满情绪，单凭理论是不够的，除了个人的道德修养和处理人际关系的技巧之外，针对具体事宜，我们还要注意以下几个方面：

先使他人的情绪稳定下来，他们情绪激动一定是因为遇到了用常规沟通途径解决不了的问题。如果我们选择一下子就直奔主题说重点的话，一旦他的组织能力和情绪未能很好地配合，很容易会说出我们认为很不中听的话，从而破坏沟通的气氛，让双方的情绪越发激动。

所以，我们最好先让他舒适地坐下来，关切地表示对他的欢迎，并引导他把困难说出来，表示有耐性听他的意见，然后再慢慢转入正题。

有的时候，情绪激动的人表达他的不满并不一定是非要讨个说法，他们更多的是希望得到我们的认同，而问题能否解决则是位在其次的事情。因此，我们要尝试站在沟通对象的立场想想，思考他所提过的问题，并设法让他知道我们了解他的心情。

要知道我们无论是声调、表情抑或是肢体动作都会给沟通对象的情绪带来非常大的影响，因此轻松诚恳的语调，友善的身体语言，和询问的交流方式是对他们非常有益的一种安抚。

要知道，并不是每个人的语言组织能力都很正常，有些人在情绪激动的时候，说话会失去连贯性，变得不知所云。一时间，我们可能会觉得千头万绪，摸不着头脑，不知道他们到底想要和我们说什么。但别心急，耐心地听他把情绪倒干净，暗中记下疑问，然后再一并加以询问。同时我们还要注意尽量将问题限定在一个可控的范围内，避免东拉西扯地"拔出萝卜带出泥"来。

譬如，一个下属对请假的审批手续太严格而向我们抱怨，我们就要把问题单单控制在请假上面，千万别将问题扯到什么人事方面，福利方面，最后甚至连加薪、升职都扯出来，那样就会把问题越弄越大。

最后我们要说出自己能够为他们想到的解决问题的方法，不要说"你等着瞧吧！我会给你想办法的"。这样沟通对象会以为我们只不过是敷衍而已，而这会导致他们的情绪更加激动。

有可能的话，我们可以对分歧妥协一些，因为没有人喜欢经过一番交谈后，对方还是一步也不退让。这样不但不利于情绪的释放，反而可能集中负面情绪的积累。

　　最后我们还要注意，不是每个分歧都能轻易得到解决的，遇到棘手的分歧时，我们还要考虑好在平复对方的情绪之后，如何能够更好地安抚他、说服他，这就需要运用我们之前学过的说服技巧了。

　　总而言之，对于一个善于沟通的人来说，掌握沟通对象的心态也是必须精通的一门学问，对于情绪激动的沟通对象，我们一定要想办法解决，切不可放任不管，甚至和他发生争执，否则沟通就无法再进行下去了。

习惯 **52**

让你的话语更有力量

　　我们总是羡慕这样的一些人，他们的话语非常富有感染力，同样的一番话，用他们的方式表达出来，总是特别具有说服力。在化解分歧的时候，他们总能够占据主动，即便他们是错误的一方，也能够很有气势地接受他人的批评和指责。他们讲出来的话总能为人们所重视，他们的话语总是能够起到事半功倍的效果。对于这些人，我们总是说他们"说话有力量"。

　　说话是我们与人交往的重要途径，而一个人说话是否有力度则决定着他在与人交往的时候处于什么样的位置上，同样的一席话，普通人说出来可能不起什么作用，但换到从他们的嘴里说出就总能引来别人的关注。

　　泰德在进入NBC之前曾经在麦肯锡工作过7年的时间，之后他来到了NBC的广告部门，成为了一名高层管理者。同事们对于泰德最大的印象就是他的语言非常有力，在部门开会的时候，泰德的发言总是能够引起所有人的注意，当大家就某件事情进行讨论时，只要泰德一说话，所有人都会将目光投向他那里。

　　泰德并不是一个胡搅蛮缠的人，也不会无礼地抢夺别人的话语权，但是，他就是有让话语充满力量的能力。在一次关于广告投标的会议中，几个高层管理人员的分歧很大，大到会议已经无法进行的地步，最终还是泰特出面平息了分歧，大家又回到了讨论问题的正确轨道上来。

"你不能保证自己的观点永远正确，但你可以保证你的话语永远有力，有力的话语能够让你在沟通中掌握主动，要知道，主动权是非常重要的。"泰德这样说道。

麦肯锡顾问生存靠的自然是头脑，但是一副良好的口才也是必不可少的，无论是与对手的唇枪舌剑还是在队内对队员的激励，有力的话语都是不无裨益的，在这一点上，泰德已经为我们做了很好的典范。

那么，我们应该如何让自己的言语更有力呢？我认为应该从两个方面来着手，其一是语言的内容，其二是说话的方式。

先说第一点，所谓语不惊人死不休，令人震惊的言语总是非常有力的，因此在我们开口时可以先组织一下自己要说的话，尽量让其起到惊人的效果。当然，并不是什么时候我们都能够找到令人惊讶的内容的，这时我们就需要巧妙的构思，比如用好铺垫、埋好伏笔等说话技巧，以此来引人注意。

说到底，对说话内容的掌握更多是要求随机应变，而对于一个头脑反应不那么快的人来说，就要从说话的方式上费些脑筋了。当然，这些脑筋费得也是值得的，因为毕竟说话方式的改变是每个人都能够通过锻炼而完成的。

可能大家没有发现，每个人在说话的时候都会不知不觉地带出很多口头语来，我们用这些口头语可能是为了让言语更加流畅，但也可能仅仅是出于习惯，而其实很多时候，这些口头语就是让我们的话语变得无力的"罪魁祸首"，要想让言语更有力，我们需要做的就是去除掉一些没必要的口头语，所谓简单的话语最有力就是这个道理。

第一，我们要尽量在话语中去掉"然而""但是""可"这类转折性词语。我们设想一个场景，你很赞成某人的某个想法，你这样对他说道："这个想法很好，但是你还要……"

你的本意是赞同他，同时又提醒他要注意的事项，话本来是好话，然而一个"但是"就让你这好话失去了很多的力度，如果对方多心甚至能解读出质疑的意思，这就很令人遗憾了，所以这里你就应该换一种说法，"我觉得这个建议很好，而且能在这里再稍微改动一下的话也许就会更好了！"

第二，去除掉那些故作诚恳的词汇。有些人在说话时总会带有"老实讲""说真的""说句心里话"这样的词汇，会认为是自己诚恳面对对方的表现，会得到对方更高的青睐，其实未必，你越是这样说反而越会遭到对方的怀疑。

在别人面前，你也许会说"和你说句实在的，我认为……"，你的意思自然是强调自己的诚恳，但如果真的诚恳又何必多此一举地强调呢，直接说"我认为……"不好吗？

第三，不要说总结性话语。有些人总喜欢说总结性话语，把"所以""最后"这样的话语总是挂在嘴边上，殊不知越是有这样的话语，越是会让对方觉得你思维混乱。一个谙熟说话之道的人，是绝对不会帮别人得出结论的，就更不会用"所以""最后"这样的话语来总结自己的话了。别人对你所说的话有何种结论是他自己的事情，是不需要你来帮助他总结的。

第四，不要说限定性词语，比如"仅仅""只是"。设想一下，在某个演讲结束之后，你面对听众提出的建议，你下意识地会这样说："这仅仅是我的一个建议。"你觉得这样说很谦虚，然而你不知道的是，这样一句话却可能让你的想法，你给别人施加的影响和别人对你这次演讲的评价大大贬值。所以在大多数时候，你只需要说"这就是我的想法""我的建议是这样的"就可以了，不用故作谦虚的在话语里面加什么限定性词语。

第五，我们还要去除掉一些非常泄气的词语，比如"本来""原本"。类似"本来"这样的转折性词汇自然有它们的用途，但并不是所有场合都适合，比如当你向某人解释某件事情时，你说"我本来是这样想的……"，你的意思是自己的想法改变了，但在对方耳朵里解读出来的信息却是你不够诚恳。

口头语是人长期说话养成的习惯，改起来也不是那么容易，但绝非改变不了，和其他说话的技巧一样，我们通过时时的发现和日常的更正是可以让自己的话语变得更简洁进而让它变得更有力的。

习惯 53

让你的语言更动听

有力的语言能够震撼人的内心，而动听的语言则是能够打动人的内心。如果我们无法让语言变得有力，那么至少我们能够让它变得动听。如何动听地表达，就要通过后天的练习了。

在一家精品服装店里，一位顾客要求退回一件外衣，她已经把衣服带回家并且穿过了，但是穿了几天之后发现她不喜欢，于是便来退换，然而店里有明确的规定，已经穿过的衣服是不能退换的，因此她和一位店员发生了争执。

对于她的无理要求，店员寸步不让，坚持声明店里的规定，而顾客一再强调自己没穿过，两个人就这样僵了起来。这时，另一个销售员赶来了，她拿起衣服一看，发现有明显的干洗过的痕迹，可见顾客是在无理取闹，但这位销售员也明白不能直接反驳顾客，否则很可能引来更大的冲突，于是她把刚才的销售员支走了，说由自己来安抚顾客。

销售员对顾客说："我很想知道是否你们家的某位成员把这件衣服错送到干洗店去了。我记得不久前我也发生过一件同样的事情，我把一件刚买的衣服和其他衣服一起堆放在沙发上，结果我丈夫没注意，把这件新衣服和一大堆脏衣服一股脑儿塞进了洗衣机。我怀疑你是否也遇到了这种事情——因为这件衣服的确看得出已经被洗过的明显痕迹。不信的话，你可以跟其他衣服比一比。"

顾客看了看知道无可辩驳,而销售员又为她的错误准备好了借口,给她一个台阶——于是顺水推舟,乖乖地收起衣服走了。

我们看到,两个销售员所要的目的一样,但不同的说话方式给他们带来了不同的结果。其实,如何让话语变得有声有色,无非就是在巧妙地组织语言上面下一些工夫,因为会说话者与不会说话者在表达的意思上面往往相同,差距就在如何巧妙地组织语言上。那么,有什么技巧是值得我们在组织语言的时候加以借鉴和利用的呢?法兰姬建议大家参考一下几个方面。

第一,用最婉约的方式来传递坏消息。报喜人人争,报丧人人躲,谁也不愿把不好的消息带给别人,然而给别人带来坏消息又总是难免的,因此在这种情况下,我们就要学会让语言变得婉转一些。

举个例子,假如是你得知了一个坏消息——一个非常重要的工作出现了问题,如果你立刻冲到别人面前说出这个坏消息,就算不关你的事,也会让人对你产生恶劣的情绪。既然如此,那么你就不妨用婉转的语句来说,比如"你可能没有发现……""我发现我们似乎遇到了一些状况",如此一来等于是让别人自己去发现这个坏消息的存在,而且你一定要用好"我们"这个词,这会让你的话听起来你和他站在同一站线上。

第二,用突出对方的作用来请求帮助。假如有一件很棘手的工作,你无法独立完成,非得找个人来为你帮忙不可,这时你就可以找到那个对这方面工作最拿手的人,然而当人找到了,你又怎么开口才能让人家心甘情愿地助你一臂之力呢?送高帽、灌迷汤,并保证他日必定回报,这自然都可以,但无论怎么许诺都得用语言吧,其实请求别人最好的语言就莫过于突出他的价值了。

"这件事没你我们根本做不来!"一句话就会让对方产生帮你的心理,毕竟人都有被别人认可的需求嘛!

第三,讨好别人要恰如其分。在很多时候,你都会与某个心仪的人共处一室，而你不得不说点话以避免冷清尴尬的局面，不过，这也是一个让你能够赢得注意的绝佳时机。但说些什么好呢？此时，最恰当的莫过于一个发人深省的话题了。

问一个他关心而且又熟知的问题，并以请教的口吻说出，比如"我很想了解你对这件事的看法……"，就在他滔滔不绝地诉说他的心得的时候，你不仅可以获益良多，同时也能让你们之间的感情上一个台阶。

第四，对于暂时无法回答的问题要用拖字诀。有些问题当别人问出口时我们不得不作答，但一时又无从回答，此时就不妨用一用拖字诀——"让我再认真地想一想，明天以前给你一个答复行吗？"拖为自己思考和组织答案争取到了时间，这种巧妙的说话之道用在职场上是再好不过的了。

第五，不留痕迹地拒绝别人。谁也不愿意看人失望的表情，因此拒绝别人的话总是最难说出口的，然而很多时候我们又不得不说，此时我们多么希望有个人能够替我们来拒绝别人，而巧妙的说话之道起的就是这个作用。

"我了解这件事真的非常重要，但我手头还有些事儿，要不等我做完再说？"一句话就让对方不好再开口了，你的态度就是"我答应你了，但是暂时不行"，如果对方形势紧急，自然就会求助于别人了，而你也不是主动地想拒绝，而是实在是脱不开身，如此一举两得的说话之道，你是一定要掌握的。

第六，连认带推地承认错误。无论是什么人，犯错总是在所难免的，然而聪明的人却能够通过巧妙的言语把自己的责任降至最低，有些人不但不会受到责罚，还会在人前树立起负责任的形象。

"我真是一时失察，不过幸好我还留一手……""真没想到事儿弄成这样了，但放心我一定负责到底……"这样的话语一出口，先把主观犯错的问题撇得一干二净了，然后再表现出一个负责任的形象，反倒让错误变成了你展现自我的机会。

卓越的说话技巧，譬如讨好重要人物、避免麻烦事落到自己身上、处理棘手的事务等，不仅能让我们的工作更加轻松，更能让我们名利双收。

　　名利双收总是让人羡慕的，因此我们才需要学习这些巧妙的说话之道，别总以为那些能说会道的人都是天生的，其实不是，很多人也是通过后天的总结和锻炼才长出一副铁嘴钢牙来的，换句话说，只要你注意吸取上面我们所讲的经验，在平时多加练习，你也是能够成为一个能说会道的人的。

习惯 54

当你遇到特殊的沟通对象时

化解分歧的前提是沟通的双方都能够讲道理，即便因为分歧过大而让人无法心平气和，但只要沟通对象是讲道理的，我们仍然能够用巧妙的方式将大家拉回到一个正常的沟通轨道上来。

然而，这个世界上并不是每个人都是讲道理的。无论是商务交往还是生活交际，我们都不免会遇到一些蛮不讲理的人，对于这些人，即便是熟谙说服技巧的艾伦·格尔达也是没有办法的。

艾伦·格尔达说："你不可能和一些野蛮人讲道理，就像你不可能叫醒那些装睡的人，那些野蛮人不会站在别人的角度看问题，更不会试图理解别人，话语对于他们来说只是攻击人的武器，除此之外没有任何意义，当你遇到那样的野蛮人时，我奉劝你还是赶快闭嘴离开的好。"

从格尔达的话语中我们看到，即便是这个世界上最善于沟通的人，也会遇到一些根本无法沟通的人。但是，面对有些不能沟通的人，我们却也没有办法像格尔达说的那样转身离去，毕竟基本的社交礼仪我们还是要遵守的。而且有的时候，有些人并非完全无法沟通，只是在特定的场合、特定的问题上，他们表现出了蛮不讲理的一面，对于这些人，我们也是不能撕破脸皮的。

那么，为了应付这些人，我们就必须采取一些特殊的沟通手段，这种手段的应用并不是为了起到什么效果，实际上与这些人的沟通从一开始就可以被看作是无效沟通。但是无效沟通也好过不予理睬，因此有的时候，我们还是需要这些手段的。

因为这些手段并非正常的沟通技巧，所以对于必须要应用这些手段的沟通对象，我们将他们归类到特殊的沟通对象里。在社交场合，我们能够遇到的特殊沟通对象往往有以下十种：

第一，喜欢打探人隐私的沟通对象。在每个人的内心深处，都有着一块不希望被人侵犯的领地。可是有些人因为无知和无礼，经常会试图打探别人的隐私。"你每个月的收入是多少？""你们夫妻感情如何？"每当这些问题出现时，我们就知道无法再正常沟通下去了。

在遭遇到这种喜欢打探隐私的人时，最好的解决是答非所问。譬如一个人问我们"年终拿了多少奖金"，我们就可以说"不比其他同事多"。总之，对于对方的提问不是不答，但要答非所问。这样一来，既不会得罪对方，又不会让对方得逞。

第二，喜欢搬弄是非的沟通对象。有些人很喜欢在人前搬弄是非，他们既然在我们面前说他人的坏话，自然也会在他人面前说我们的坏话。对于这种人，正确的解决方法是对他说的任何是非话题都做出冷淡的反应，从而让他知"错"而退。

第三，喋喋不休的沟通对象。与人交谈，那种长篇大论跟人说个没完没了的人往往最让人讨厌。有些人说得多，却说不好，他们不但天文地理能谈，男女情事也能谈，但谈得太多了就让人厌烦了。

遇到喋喋不休的沟通对象，既不伤及对方感情，又让他少说话的方法就是巧妙提问。一是根据他说的话题提问一些难题，让他不知怎么回答。二是提问一些与当前话题无关的问题，让对方会感到有点惊愕，从而停顿下来。

第四，喜欢说教的沟通对象。有些人喜欢对人说教，永远把自己立在正确的位置，仿佛道德标杆一样，自以为是地教训他人。他们喜欢居高临下，盛气凌人，说的十句话中可以找出很多类似"你应该""你必须"之类的词语。

这些人虽然令人生厌，但对我们来说并没有太大的坏处。对于这样的沟通对象，我们可以稍微表现出一些不耐烦，或者干脆找个借口停止沟通，因为他们把自己放在道德的高度，所以他们是能够理解我们的。

第五，自我炫耀的沟通对象。有些人非常喜欢炫耀，出口便吹牛，这样的人很难与他们沟通，解决方法就是以幽默的方式把话题赶快引开。对于他们，我们要注意的是，一定不要试图去反驳他们，否则是很容易招致憎恶的。

第六，喜欢攻击他人的沟通对象。从有些人嘴里说出的话，就好像一盆盆的冷水，话语尖锐辛辣，不顾及别人是否接受，硬朝人家头上泼去。这种人往往让周围人敬而远之。

遇到这样的沟通对象，如果我们一味顺着他们就会使他变本加厉。最好的方法是要抓住机会，攻其痛处，让他体会到他当前的错误举动，管住他的嘴。

第七，嚣张好斗的沟通对象。有些人说出的话句句带刺，似乎每一句话都想挑起一场战争，让沟通处处充满了火药味。这样的人往往认为自己高人一等，认为自己是真理的化身，无事不通、无所不能。这种人一旦对人怀有成见，就会处处跟人作对。

遇到这样的人，我们要做的就是让自己的每一句话都成为无懈可击的真理，并且还是简单的真理，这样对方就无法攻击你了。

第八，习惯性说谎的沟通对象。有些习惯性说谎者，他们说起谎来丝毫不会感到内疚。他们撒谎，可能是为了掩饰自己、标榜自己、美化自己，可能是觉得他人的辨别能力很差，从而摇唇鼓舌，胡说乱扯。与这类人交流，对我们是非常有害的，因为假话说十遍，可能会使我们觉得真的有那么一回事。

与这样的人交流，应该抓住假话中的其中一项，十分有把握地提出反对意见。这样一来，他就会觉得羞愧，那种神采飞扬的气焰立刻就落下去。这种攻其一点的做法，既不会伤及其自尊心，又会让其对自己的撒谎毛病有所改正。

第九，俗不可耐的沟通对象。有些人为了给他人一个好的印象，便让自己的话语里堆满华丽辞藻，乱用一些专业术语，显得矫揉造作，华而不实；有些人日常说话粗鲁不堪，废话连连，啰里啰唆，一味单调，某句话可以重复十遍，某件事可以问九次。这些都是俗不可耐的表现。

这样的人多是知识面窄、社交力差者，因此，和俗不可耐者交流，要进行适当指教。说出一两句正确的做法、注意的事项，满足他们的需求，但又不能过多指教，免得伤了他们的自尊心，触及他们的自卑痛处。

第十，对无理取闹的沟通对象。这个世界上最野蛮的人就是无理取闹的人，他们的话语似乎就是为了给人找麻烦，给社会带来语言的垃圾。对于这样的人，最好用巧妙的方式予以回击，譬如说一些内容尖锐但表面上却没有什么的话语，刺痛他们无理取闹的神经。

总而言之，在这个世界上有各种各样的人，每一个人都可以成为我们的沟通对象，我们不能总是期盼着我们面前的人都是文雅的绅士，当遇到一些特殊的沟通对象时，我们也应该有办法应付他们。即便是一些无效的沟通，能否很好地应对，也是对我们沟通能力的考验。

习惯 **55**

把"我的"变成"我们的"

"我的事业需要你的帮助"和"我们的事业需要你的帮助",虽然这两句话只有一点点的不同,但给人的感觉却是千差万别的。

在与人沟通的时候,读者最好能够先确定一下自己的立场,如果你发现自己的立场并不是站在对方的对立面上,甚至有可能与对方统一起来,那么这里有一个最巧妙的方法帮你用最短的时间完成有效的沟通,那就是把"我的"变成"我们的"。

艾森·拉塞尔认为,企业的经营者无论如何对员工说教,都不如将员工的切身利益与企业联系起来对他们的触动更大。

"有的时候,管理者需要花费大量的时间说服员工听从他们的指令,然而如果你能够让员工意识到这个企业与他息息相关,那么你即便不进行沟通,他们也一样会努力地工作。"艾森·拉塞尔这样说道。

作为一个知名的咨询顾问,艾森·拉塞尔走访过无数的创业企业,他发现,在创业阶段给予员工股份,要远远好过其他激励方式。因为,给予员工的股份会让员工觉得你和他站在一条船上,这条船前进对于谁都有好处。

因此,麦肯锡顾问能够提出的关于沟通最好的建议就是,让你的沟通对象和你站在同一个立场上,让他感受到"一荣俱荣,一枯俱枯"的现状。而且,读者还必须要明白一个事实,那就是现实中大多数情况下,"一荣俱荣,一枯俱枯"是存在的。

有时候，你将你的沟通对象看作对手，完全是你的角度问题，如果你能够选择一个正确的角度，做一些有必要的退让，你会发现你与对方的立场是能够合二为一的。

曾经有一家权威媒体做过一项关于诺贝尔奖的调查，在对所有获得物理学、生物学和化学奖的科学家调查中媒体发现，在这些伟大的获奖者中，靠着领导团队协作工作而最终获得成果的占三分之二以上，甚至有很多获奖者就是一个团队中的两个领导者，两人共同分享诺贝尔奖的现象越来越普遍。而更深一层次挖掘，媒体还发现，在大部分团队未形成之前，团队的成员实际上是竞争对手，是合作让他们走到了一起。

可以这样说，现代社会是一个越来越讲求合作的时代，无论是在职场上还是在科学研究领域，没有他人的协作，光靠一个人的努力是很难有所成就的。

因此，对于一个聪明人来说，就应该懂得如何去团结他人，如何凝固团队，如何让团队在自己的手中发挥最大的能量。

某一年的广告业领袖集会上，作为广告业的创始人、美国历史上最成功的广告人、马瑟广告公司的总裁奥格尔自然是要作为主席和焦点人物上台第一个发言的。

但是，今年的奥格尔却一反常态，他并没有直接登上讲台拿广告业的发展作为主题，而是出乎意料地在每位到场的广告巨头面前放了一个俄罗斯套娃。他对面带困惑的广告巨头们微微一笑，然后说："请把你们面前的小木偶打开看一下。"

每位董事都把最外层的套娃打开，发现里面还有一个小套娃，再打开小套娃又出现了一个更小的，最后，在一个最小的套娃里面，大家发现了一张纸条，有人抱怨："这是在开什么玩笑？"

但看到套娃中纸条上的话时，大家全都陷入了深思，进而恍然大悟，会场中顿时响起了绵延不绝的掌声，在这张纸条上，奥格尔这样写道："如果你永远都只选用比你水平低的员工，那么我们的公司将有成为侏儒公司的危险。反之，如果你录用水平比你高的员工，那么我们的公司将会成为巨人公司。"

原来，在当时的广告业中，每个广告公司的经理为了自己的利益，都极力避免在公开场合提及广告设计师的名字。对于那些实力超群的广告设计师，大家也是一直采取压制的方式进行管理，以防他们跳槽。但这样一来，设计师失去了成名进而独立的资本，但也没有了工作的积极性和创作热情。因此这造成了广告公司和广告设计师双输的局面。一时间，广告业变得非常不景气。而奥格尔正是看到了这一点，因此才要在如此重要的场合提醒大家，不要因为害怕员工强大而丧失了企业发展的机会。

其实，像那些早期的广告巨头那样的做法，在我们身边屡见不鲜。我们总是能够看到很多小老板，为了不让员工摸清太多的门道，和员工大打心理战，采取各种方法挤兑员工，把员工限定在一个框架内，抑制他的成长和发挥。有这样行为的老板，恐怕他一辈子也就只能是一个小老板了。

一个成熟的人则不会如此，他非但不会抑制他人，反而会尽一切可能为他人创造机会，让他们发挥出自己最大的能量，进而通过他们的成功来造就自己的成功。

没有一个人是无所不能的全才，因此我们才需要与人沟通，获得他人的支持。但他人的支持再强大，也绝没有让他人变成"自己人"来得更有价值。所以，统一与沟通对象的立场，展示你的包容性，让"我的"变成"我们的"，这对于你的未来是有着极大的帮助的。

钢铁大王卡耐基曾说："你可以夺走我的金钱、厂房、机器，但是只要我还拥有现有的员工，那么，几年之后我还是现在的我。"什么是最重要的？人才是最重要的，找不到合作者的人是失败者。

我们总是看到这样的马太效应，强者的身边总围绕着强者，而失败者的身边也都是失败者，这种现象就为我们说明了一个道理，不断成就你身边的人，那么你也能够分享他们成功的果实，而如果总是打击你身边的人，甚至为他们的失败而幸灾乐祸的话，那么早晚，你也会变得和他们一样。

　　统一立场，用真诚的态度和豁达的胸襟将别人吸纳进来，让他们看到你的真心，促使他们与你进行合作，这种沟通的方式要比任何言语都有作用。无声是最好的沟通，但这种无声并不是真的什么也不做，而是以行动为声音，用真诚作为说服力，这样被你说服的人，会成为你成功路上最可靠的帮手，并和你一起获得成功。